翻 开 古 人 的 世 界

古人生活那些事儿

朱军营　著

北方联合出版传媒(集团)股份有限公司
万卷出版公司
2021年·沈阳

ⓒ 朱军营 2021

图书在版编目（CIP）数据

古人生活那些事儿 / 朱军营著. —沈阳：万卷出版公司，2021.10
ISBN 978-7-5470-5599-1

Ⅰ．①古… Ⅱ．①朱… Ⅲ．①社会生活—中国—古代—通俗读物 Ⅳ．①D691.93-49

中国版本图书馆CIP数据核字（2021）第109678号

出 品 人：王维良
出版发行：北方联合出版传媒（集团）股份有限公司
　　　　　万卷出版公司
　　　　　（地址：沈阳市和平区十一纬路25号　邮编：110003）
印 刷 者：辽宁新华印务有限公司
经 销 者：全国新华书店
幅面尺寸：145mm×210mm
字　　数：200千字
印　　张：9
出版时间：2021年10月第1版
印刷时间：2021年10月第1次印刷
责任编辑：张洋洋
责任校对：高　辉
装帧设计：马婧莎
ISBN 978-7-5470-5599-1
定　　价：49.80元
联系电话：024-23284090
传　　真：024-23284448

目录

吃穿那些事

生活这件小事

风俗那些事

吃穿那些事

古人都吃什么肉

在武侠电视剧中，我们总能看到绿林好汉们一边大碗喝酒，一边大口吃肉，以此来表示江湖豪迈之情。肉食不仅是中华饮食文化中不可或缺的一部分，在食物品种单一且匮乏的古代，更是古人热量、蛋白质和脂肪最重要的来源。可以毫不夸张地说，人类文明之所以可以快速发展、站上食物链的顶端，其中至关重要的因素便是早在智人时期，我们对肉食的掠夺量就远远高于其他动物。

然而残酷的现实是，虽然现在"吃肉自由"对于小康家庭来说并不是一件多么困难的事情，但是在古代要想"吃肉自由"，不仅仅受经济的制约，更受阶层和地位的影响，所以今天，我们就来聊聊古人吃肉的那点事儿。

在韩非子的《五蠹》中有这么一段记载："民食果蓏蚌蛤，腥臊恶臭而伤腹胃，民多疾病。有圣人作，钻燧取火以化腥臊，而民说之，使王天下，号之燧人氏。"这个典故说的就是燧人氏钻木取火的故事。虽然古人不懂吃生肉会生病是因为寄生虫和病菌的存在，并不是什么腥臊恶臭，但是自从人类进入熟食阶段，不仅可食用的肉类品种开始大大增加，人们也学会了烹饪，人类文明进入了一个全新的阶段。根据山西芮城西侯度旧石器时代遗址的考古发现，当时中原地区的远古人类已经学会了用火烧烤动物做成食物，而从陕西西安市半坡新石器时代遗址发现，这时候的古人已经学会了饲养马、牛、羊、猪、狗、鸡六畜，内蒙古的富河文明遗址中还有大量的鹿骨出现。进入封建时代，《帝王世纪》中记载了夏桀的"肉山脯林"，商纣王的"酒池肉林"，这些都说明了肉类在上古的时候已经是人类生活中不可或缺的饮食品种之一。

虽说肉类食物早在先秦时期就已经颇为丰富，如《楚辞·招魂》中所列的祭祀肉食，就有煨牛腱子肉、清炖甲鱼、炮羔羊、醋烹鹅、烤鸡、羊汤、烧鹌鹑、炖狗肉等，但百姓想要吃肉，还是挺难的。一件商品的昂贵与否，一是供需关系，二是物料成本和时间成本，即便在工业发达的当代，肉类价格也高于蔬菜，在上古资源匮乏的时候，自然更是如此。当时的肉食不仅是贵不贵的问题，而是诸如牛、马、羊等畜牧除了是食物，更是社会生产工具，享有崇高的地位，例如，周朝的《礼记·王制》

中就规定："诸侯无故不杀牛，大夫无故不杀羊，士无故不杀犬豕，庶人无故不食珍。"也就是说，百姓在当时想要吃到肉，几乎是没啥可能的事情。而且先秦祭祀最高规格就是牛、羊、猪三牲齐全的太牢，只有羊、猪的叫少牢，而作为农业生产最重要工具的牛，是很难走上除天子以外的餐桌的。

那先秦时期的百姓就完全没有肉吃了吗？当然不是。《孟子·梁惠王上》中说："鸡豚狗彘之畜，无失其时，七十者可以食肉矣。"或许是出于对老人的照顾，七十岁的老人可以吃鸡、猪和狗肉。但是七十古来稀，更何况先秦时期，活到七十岁的概率可能比投胎于诸侯家还低。那还有什么办法能够吃到肉呢？有，生孩子，毕竟生小孩就意味着给国家提供新的劳动力。《国语·越语》记载，越王勾践下令，生儿子的，赏两壶酒一条狗，生女儿的，奖两壶酒一头猪，可见当时百姓家中有喜事的话，狗肉和猪肉还是比较流行的。再比如大家都非常熟悉的西汉开国元勋樊哙，最早便是在沛县卖狗肉的屠夫。

到了汉代，我国的饮食结构发生了重大变化，除了法律规定"不得屠杀少齿（幼兽）"和牛以外，其他的肉食终于走入了寻常百姓家庭，当然前提是你得有钱。如《盐铁论》就说过去行乡饮酒礼，即便是宴宾客或婚娶大事，也只是"豆羹白饭，綦脍熟肉"，而现在富贵家庭的日常饮食"肴旅重叠，燔炙满案，臑鳖脍鲤……"出现这种情况一方面是因为生产力的大大提高，另一方面则是因为张骞开通丝绸之路后，除了源源不断的域外物种被传入中国以外，东汉之后还有大量的胡人向中原迁徙，他们自然也将自己的风俗带入了中原地区。《后汉书·灵帝本纪》就说当时汉灵帝喜欢胡人风俗，不仅穿胡服，睡胡床，还喜欢吃胡食。作为游牧民族，胡人的主食自然不可能是米饭，而是各种草原肉类，其中最著名的当属"羌煮貊炙"，也就是涮羊肉和烤全羊。

贵族喜胡食的风气对社会饮食结构的影响是巨大的，《晋书·五行志》载："（西晋）泰始之后，中国相尚用胡床貊盘，及为羌煮貊炙，贵人富室，必畜其器，吉享嘉会，皆以为先。"也就是说，当时北方的有钱人，把吃羊肉和烤全羊看作是地位的象征，争相模仿。当然，除了羊以外，也还有鹿和猪等动物，因为总的来说"羌煮貊炙"指的是"煮"和"炙"两种烹饪手法，而不是具体吃什么动物。东汉人许慎的《说文解字》里面有："羹，五味之和也。烧豕肉羹也。"北魏人贾思勰的《齐民要术·羹臛法》中则记载了用一个鹿头和两斤猪肉一起煮的羌煮美食。

除了走兽，各种飞禽和水产也逐渐走上人们的餐桌。前文提及的烤鹌鹑，说明古人很早就开始捕鸟为食；源自《孟子》的成语"鱼和熊掌不可兼得"，也说明了先秦时期的古人就开始吃鱼了。而《说文解字》对"胥"字的解释是："胥，蟹醢也。从肉疋声。"也就是蟹酱的意思。

从两汉到隋唐，虽然肉食的种类并没有增加多少，但是不同于两汉时期"羌煮貊炙"的烹饪方式，各种香料的传入和普及，使中国人的厨艺相较前代有了质的飞越。例如，唐中宗时期最著名的官宴烧尾宴，其菜单上涉及肉类的食物就有：通花软牛肠、光明虾炙、冷蟾儿羹、鳜鱼片羹、羊皮花丝、奶汁炖鸡、鱼肉羊肉酱、葱醋鸡、粉蒸猪肉末、烤全羊、羊鹿舌、剔骨鸡、鹿鸡同炒、精炖小牛肉、狸猫肉凉羹、熊肉干、烤鹌鹑等。虽说相对于两汉时期仅仅增加了蟾蛙和猫等两种肉食，但烹饪手法的复杂奢侈程度，即便放到当下也是令人叹为观止的。

这里有个颇为有意思的事情，作为唐朝最为豪华的烧尾宴，居然没有猪肉。要知道在当代，猪肉可是我国百姓消耗量最大的肉类，我国也是全世界消耗猪肉最多的国家。之所以烧尾宴上没有猪肉，是因为在近代之前中国人并不喜欢吃猪肉，并把猪肉看成是低端肉类。

原来，自两汉胡风兴起之后，牛因为是重要的农耕物种，不仅禁杀禁食，除了自然死亡和病死都不得食用以外，地位最高的就是胡人最喜欢吃的羊肉。这种情况延续到了宋朝，情况更是进一步加剧。根据《宋会要辑稿》的记载，北宋熙宁十年（1077 年）宫中使用猪肉为 0.4 万斤，而羊肉则是 43 万斤。

宫中如此，民间自然效仿，无论婚丧嫁娶，金榜题名，祭祀祭祖，要是桌台上没有羊，那可是非常丢面子的事情。

而宋人嫌弃猪肉可谓溢于言表，苏轼就说猪肉当时的情况是："黄州好猪肉，价贱如泥土。贵者不肯吃，贫家不解煮。"猪肉如此被嫌弃的原因，除去胡风影响以外，还和历代中医大家的鄙夷有关，孙思邈就说："凡猪肉久食，令人少精，发宿病。豚肉久食，令人遍体筋肉碎痛乏气。"明朝的李时珍在《本草纲目》中也说："北猪味薄，煮之汁清；南猪味浓，煮之汁浓，毒尤甚。"看来在古代猪肉那都不是吃不吃的问题，连医生都告诉你吃这玩意儿那是有毒的，建议尽量少吃。

不过话说回来，古人之所以不太吃猪肉，除了文化和风俗以外，最本质的原因还是养猪不划算。在古代鹿、羊、兔等牲畜都是吃草的，没有经历现代工业化破坏的自然环境，基本就是你往地上丢几只羊羔它们就可以自己长大了。而猪是吃谷物的，对普通百姓来说，自己全家老小能够填饱肚子都已经是小康水平了，自然不太可能有多余谷物去饲养猪，这也导致了猪的产量在古代实际上是远远低于其他食草类牲畜的。同样，古代猪肉的价格有时甚至要比牛肉还高，如万历二十年（1592年），猪肉的价格是一斤 0.02 两银子，但牛肉和羊肉的价格仅需要 0.015 两银子。不过也是因此，猪肉虽然在中原和江南地区不受欢迎，却颇受当时北方游牧民族辽金百姓的喜爱，甚至在辽、金都是"非大宴不设"的高档品。

总之自唐以来，唐、宋、明、清四朝，中国人饮食结构基本没什么变化，肉还是那些肉，只是在烹饪手法上越来越丰富。不过明朝和清朝中后期之间有一个较大的分水岭，原因就是番薯、土豆和玉米自明朝开始传入中国，终于在清朝普及了。要知道中国人之前的主食基本就是五谷杂粮，然而这些谷物，在缺少化肥和基因技术之前的古代，单位产量是非常低的，超过四口之家的普通百姓想要天天饱餐，是一件颇为困难的事情。

也是因此，在清朝之前，中国的人口增长并没有呈现一个超级爆发的状态。然而随着番薯、玉米和土豆的引入，这种产量又高，淀粉含量也高，又不挑地，大江南北、丘陵沙地哪儿都能种的食物，直接改变了中国人的主粮结构。受此影响，康熙三十九年（1700年）全国才1.5亿的人口，到了乾隆五十五年（1790年）直接突破3亿大关。

三大作物贡献再大，那也是素食，对我们今天说的肉食有什么影响呢？当然有，百姓不仅可以吃饱饭，还有多余谷物用来饲养牲畜，而番薯叶本身就是良好的猪饲料，于是猪肉的产量在清朝也开始呈现爆发之势，人们逐渐开始习惯吃猪肉了。如清朝美食家袁枚的《随园食单》中就记载："猪用最多，可称'广大教主'。"其所列百姓日常饮食中和猪肉相关的菜多达43道，"二师兄"不仅就此逆袭，也彻底改变了中国人的肉食习惯，扬眉吐气，在餐桌上的出镜率远远高于牛肉和羊肉。

当然了，开头我们就说过，在古代想要实现"吃肉自由"，对于平民家庭来说还是非常困难的，除非婚丧嫁娶这种一生一次的大事，不然平日里还是难见丁点荤腥的。虽说饲养牲畜也算是普遍现象，但一般也不舍得自己吃，一头猪、一只羊都可以算作是家里最大的资产，更别说拥有牛的家庭了。而猪肉可以走上寻常百姓家的日常餐桌，完全是近代以后的事情了。

相对于中国百姓难见荤腥，我们隔壁有个国家更惨，那就是日本，因为在长达 1200 年的时间里，日本人都是不许吃肉的，这项政策叫作"肉食禁断"。早在飞鸟时期（592—710 年），日本本土灾难频繁，恰好此时佛教经由中国和朝鲜半岛传入日本，成为日本人的精神寄托。众所周知，佛教是禁止杀生、不能吃肉的，于是在 675 年，日本天武天皇颁布"杀生禁断令"，禁止食用牛、马、狗、猴、鸡。虽然当时规定狩猎来的野猪和鹿等野生动物除外，但同时也规定了狩猎时禁止使用陷阱和飞镖，这就导致了日本人狩猎的效率极大降低，想要吃口肉自然就更不容易了。

不过有意思的是，猪肉并不在五畜之中，而日本古代也是有专门饲养猪的农户的，所以和中国古代完全相反的是，古代日本人貌似只有猪肉可以吃吃，他们完全不知道这在大洋彼岸，猪肉是被人嫌弃的肉食。肉食结构的单一对古代日本人影响也是挺大的：第一就是由于脂肪、蛋白质长期跟不上，以至于古代日本人确实身高相较饮食结构正常的同时期中国人要矮上许多；第二就是日本人转而开始发展渔业，这可不是简简单单说因为靠近海，渔产丰富所以捕鱼，而是用大量的鱼类来弥补畜牧类肉食上的缺失。小鱼不够就转向大鱼，以至于奈良时代的日本就开始捕杀鲸鱼，而到了江户时代，日本的捕鲸业更是达到全盛。

可即便是这种状态下，再加上文化上对于肉食的禁断，古代日本人骨子里对于肉食的需求还是非常低迷的，二战后神道教扶乩书《日月神示》直接就说："神国日本之神民为非肉食者。"一方面是由于日本本土宗教神道教因为忌讳血污，所以也反对食用家畜；另一方面则说明了古代日本人确实长时间都不怎么吃肉。明治维新之后，明治天皇于1872年颁布"肉食奖励令"，宣告了长达1200年的"肉食禁断"令被废除。

所以，吃肉虽然对当代人来说是一件极为普通和再正常不过的事情，但其背后的文化和故事，对古代各民族来说，和自己的文明那都是息息相关的。

古人喝热水吗

对于许多常去国外旅游的中国人来说，在异国他乡最难以适应的不是语言，不是习俗，更不是文化差异，而是没有热水喝。

是的，在国外除了咖啡店以外，很难找到有热水的地方。即使在"那几天"，外国女性也毫不忌讳，饮料加冰正常喝，根本没有例假期间不能吃冰的说法。

也许有人会说，欧美国家的人跟咱们不一样不是很正常吗？实际上并不如此，哪怕是同样处于东亚圈内的黄种人，日本、韩国也没有喝热水的习惯，处于赤道附近的东南亚各国更是如此——炎炎夏日的越南街头，他们直接就把加了一整杯冰块的冰咖啡当作我们豆浆一样的早餐饮料。你要喝热饮，对不起，不是不卖给你，是压根就没有。

于是有人说，喝热水是中国人的传统习俗，其中更是有中医根据，久而久之，中国人的肠胃就和外国人不一样了。既然如此，那我们就刨个根问个底，看看古人到底有没有喝热水的习惯。

这里我们首先要划定一个标准，所谓喝热水的习惯肯定是日常饮用热水，而不是说特殊时期、特定时候喝热水，不是但凡喝水都尽量喝热水的，肯定谈不上有喝热水的习惯。所以当我们认为古人也一定有喝热水习惯的时候，则不得不非常遗憾地表示，古人即便想喝热水，也不可能成为一个习惯，因为在古代喝热水，不仅麻烦，成本也非常高昂。

要喝热水，首先解决的问题当然是水。水在古代确实是你想从河里、池里挑多少回家就可以挑多少的，而且早在上古时期，古人就已经学会了凿井取水，如《淮南子·本经训》中说："伯益作井，而龙登玄云，神栖昆仑。"高诱注曰："伯益佐舜，初作井，凿地而求水。"伯益是生活在尧舜时期的古人，虽然这里伯益作井一定是假借其名，但毋庸置疑的是，在古代取水一般情况下不是大问题。

有了水，要喝热水的另一个条件当然是火。古人主要有钻木取火，火折子、火镰与火石引火，钻木取火一直到唐宋时期都是古人最主要的取火方式。不过古人钻木取火有个讲究，那就是钻木的木材颜色一定要和时节相配，认为不这么做是钻不出火来的，《周礼·月令》里就规定：钻木取火春天要用柳木，夏天要用枣、杏或者桑柘木，秋天用柞木，冬天用槐木、檀木，所以杜甫在《清明诗》中写道："旅雁上云归此塞，家人钻火用青枫。"火折子就比钻木取火高级多了，古人把卷紧的纸张或干枯树叶一类易燃品塞进竹管子里，两头加盖，其中一个盖子中留有细孔，然后点燃引火物，让其缓慢阴燃。需要用的时候就打开盖子往里吹，吹出明火作为火引。而火镰与火石，就是用铁片去敲击燧石产生火星，火星掉到极易被引燃的火绒上，由此产生明火。

　　水和火都没有问题，那古人喝热水到底哪里出了问题呢？没错，就是木材上出了问题。也许在很多人的概念中，古代既没有工厂，人口也不密集，漫山遍野都是木材，不是随便砍几棵树回家就能烧热水了吗？在周朝之前确实是可以的，但是西周之后就不行了，自周天子之后，其统治辖区内的所有山川大河名义上就全部都是天子的私人财产，当然也包括树木，所以当时就颁布了一道《伐崇令》，规定"毋坏屋，毋填井，毋伐树木，毋动六畜，有不如令者，死无赦"，也就是说，你破坏房屋，填埋水井，砍伐树木，私杀六畜，在古代都是杀头的罪名。

　　砍树就砍头也只是少数特殊的朝代所为，绝大多数朝代对此只有限制。例如，睡虎地秦简秦律《田律》："春二月，毋敢伐材木山林及雍（壅）堤水。"也就是说，二月份不能砍树，其他时间就可以。大定六年（1166 年），金世宗完颜雍下了一道诏令：

"推恩天下，山泽以赐贫民，任其樵者薪之，匠者材之。"大恩天下的时候，准许百姓可以砍无主的树木，其他时间是不行的。

可即便如此，树木在古代也是属于经济产品之一，除去掌握在地主贵族手中的树木，百姓真正可以随意砍伐的树木并不多，如白居易的《卖炭翁》就讲述了一个老翁在山里砍柴烧炭，然后拉到城里卖炭换钱的故事。所以古时候的百姓即便是烧水做饭，实际上用的也是山里掉落的树枝一类，而不是木头。

总之，由于种种条件限制，加上烧开后的热水也没有保温的容器，普通的百姓并不可能想喝水了就起火把水烧开再喝，更别说养成喝热水的习惯和传统了。在卫生知识贫瘠的时期，普通百姓别说喝热水了，他们一般都是直接喝生水的。

当然，虽说古人平常喝水几乎不喝热水，但是古人却有喝茶的习惯。根据《封氏闻见记》的记载，至少在唐朝时期，饮茶之风已经在当时的南方开始流行了，但是北方却没有人喝茶，即"南人好饮之，北人初饮者不多"。当时山东灵岩寺中有一位叫作降魔禅师的出家人，他修行的是佛教中流行的禅教。既然是修禅嘛，就得一直打坐参悟，这期间不能睡觉也不能吃东西，这种情况下人自然是非常容易疲惫的，而后他发现喝茶可以让自己精神集中，忘却疲惫，于是便在修禅的时候常备茶水，其他僧人见之纷纷效仿。

唐朝时期我国有全民饮茶的风气，为此还有商家发现了商机，煮茶做买卖。而皇室贵族更是设有专门管茶的人，如宋朝魏泰的《东轩笔录》里就有这么一个故事，说是宋仁宗赵祯在花园中游览，途中频繁回顾，大家也不知道他想干什么。回到宫中后，他对妃嫔说："渴甚，可速进熟水。"妃嫔给宋仁宗喝了水后很疑惑地问他："为何在外面渴了这么久都不喝水？"宋仁宗回答说："吾屡顾不见镣子，苟问之，即有抵罪者，故忍渴而归。"清人梁章钜在《称谓录·茶》中注："镣子，即司茶者也。"

古人除了喝茶要热的以外，还有就是有喝热中药的习惯，清人柯琴（字韵伯）编撰的《伤寒论翼》中有一味中药叫作桂枝汤，主治头痛发热，汗出恶风，鼻鸣干呕，苔白不渴，脉浮缓或浮弱者。用法是以水七升，微火煮取三升……温覆令一时许，遍身漐漐微似有汗者益佳，不可令如水流漓，病者必不除。

我们可以看到，中药需要热饮的原因是想逼出身体里的汗，认为这样子就是病好的表现，而且里面也说得很清楚是用温开水，而不是烫水，满头大汗反而不好。不过这里要注意的是，这种"出汗疗法"也是清朝才开始有的，在之前并没有。这是因为东汉末年张仲景所著的《伤寒杂病论》中，"寒"这个属性在传统中医里面并不是冷或者凉的意思，而是"病邪"的意思。在张仲景的理论中，他把人疾病发生、发展过程中所体现的各种症状，归类为是各种"病邪"的入侵，其中以八纲（阴阳、表里、寒热、虚实）来辨别疾病的属性、病位、邪正消长和病态表现。

所以这"寒"，是"病邪"，是一种理论，而不是说"凉水"就是邪物，不能喝。

也就是说，认为喝热水是老祖宗留下的习惯的观点并不能站住脚，只能说古代中国人有喝热茶的习惯，但由于茶叶在古代也属于经济作物，到唐文宗时期茶叶就被收归"国有"，种植、制作和买卖皆由国家掌控。唐律中规定，私人贩茶三次，累计超过三百斤就处以死刑；宋朝规定百姓敢私自藏茶叶的，没收，论罪。这就导致了茶叶在古代也是只有小康家庭才可以享用的奢侈品，并没有人们印象中随手山上种两株茶树就可以每天喝茶的情况出现。所以平时大多数普通人还是喝凉水的，并不是烧壶热水泡茶叶。

实际上最早养成喝热水习惯的并不是中国人，而是英国人。1900 年，英国科学家杜瓦发明了装液态氢的容器，结果后人在偶然情况下发现这玩意儿可以当作暖水瓶，让热水的水温可以长久保持不变，再加上当时英国人有喝下午茶的习惯，于是他们就美滋滋地把它拿来装热水泡茶了。暖水瓶最早也叫作杜瓦瓶，现在装液态氢的东西也叫杜瓦瓶，在基础条件满足的情况下，人类终于喝上了第一口储藏过的热水。

中国人喝热水的习惯还得追溯到 20 世纪 60 年代国家提出的"爱国卫生运动"。在这之前百姓大多数是直接喝井水、山泉水等看似干净的水，结果导致痢疾等毛病在农村非常泛滥，为此国家提出了"不喝生水""不喝凉水""水不沸不喝"等口号，全国展开了"喝热水"教育，由此才养成了全民喝热水的习惯。

等到这个习惯养成之后，才有人将喝热水附会到中药理论上，以至于许多人错误地认为我国从古代开始就是一直喝热水的。

古代皇帝吃什么

在《史记·郦生陆贾列传》中有一句中国人耳熟能详的话，即"王者以民人为天，而民人以食为天"。众所周知，中国人是非常重视"吃"的，不仅仅是要吃得饱，还要看着好看，闻着香甜，即所谓"色香味俱全"才是一道合格的菜肴。

不过对于绝大多数百姓来说，在物资匮乏的时代里能够吃饱饭已经非常不容易了，自然就不可能对吃这件事有太多的要求。所以假如我们想要进一步了解古代的饮食文化，想看看古代美食的天花板在哪儿，就不得不把目光放在帝王家，去瞅一瞅古代的皇帝到底都吃些啥。

对中国饮食文化有所了解的人一定听过"八珍"这个名词。所谓八珍，按照现代汉语的定义是指八种稀有而珍贵的烹饪原料。不过八珍从没有具体而言到底是指哪八种食材，不同的时期，甚至不同的地域对于八珍的定义都不相同。如根据明代俞安期所辑《唐类函》，当时的八珍是：龙肝、凤髓、豹胎、鲤尾、鸮炙、猩唇、熊掌和酥酪蝉；而袁枚的《随园食单·海鲜单》则认为八珍是燕窝、海参、鱼翅、鳆鱼、淡菜、海蝘（海蜇）、乌鱼蛋、江瑶柱、蛎黄九种，被称为是海鲜八珍，此外还有山八珍、水八珍、北京八珍、烟台八珍等。

那为什么会出现"八珍"这个词，而不是四珍、十珍、二十珍呢？其实理由也很简单，因为八珍最早就是周天子餐桌上的食物。《周礼·天官冢宰》记载："食医，掌和王之六食、六饮、六膳、百羞、百酱、八珍之齐。"《周礼·天官冢宰·膳夫》又说："凡王之馈，食用六谷，膳用六牲，饮用六清，羞用百有二十品，珍用八物。"也就是说，周天子吃的有饭、菜、汤、酱，还有八珍。那周朝的八珍又是指什么呢？根据东汉儒学大师郑玄的注释，周天子所食用的八珍是指：淳熬、淳母、炮豚、炮牂、捣珍、渍、熬和肝膋。很显然这时候所谓的八珍并不是八种珍贵的烹饪原料，因为那是宋朝之后的事情，此时的八珍所指乃八种已经烹饪好的珍贵菜肴。

可惜的是，不论是《周礼》还是郑玄的注释都未注明八珍用料和制法，这就给了后人自由发挥的空间。而除去八珍以外，《国语·楚语下》载观射父语："天子食太牢，牛羊豕三牲俱全，诸侯食牛，卿食羊，大夫食豕，士食鱼炙，庶人食菜。"也就是说，只有天子才可以吃牛、羊、猪三种肉。

除了吃要有规矩，餐具也要有规矩，周朝贵族的餐具主要是青铜鼎和豆两种，当时规定国君用九鼎、三十六豆，卿大夫七鼎、十二豆，并随着地位的降低而递减。也正是因此，皇帝餐桌上有什么、吃什么就开始成为一件礼仪性的事情，它所代表的是天子的威严和排场，而不仅仅是吃好这么简单。到了秦始皇一统天下的时候，就在原本管理皇帝私人财产和生活起居的少府下设了一个部门叫作太官，又叫作大官，以掌管宫廷饮食，说白了就是伺候皇帝、皇子、娘娘们吃饭，当然这其中最重要的自然是皇帝了。

汉朝皇帝觉得一个太官还不够，那咱格局怎么可以比秦始皇还低呢？于是又增加了汤官和导官两个部门，分别"主膳食"、"主饼饵"和"主择米"。太官主要负责正餐，正餐外的又由汤官负责，东汉时汤官转为太官，主管太官令的佐官，专门供酒。扬雄在《太官令箴》中就说："时惟膳夫，实司王饔。祁祁庶羞，口实是供。群物百品，八珍清觞。以御宾客，以膳于王。"有膳夫给帝王和后妃准备餐饮，有熟肉、多种佳肴供应，上百种物品，有八珍，有清酒，这是因为当时规定帝王"饮食之肴，必有八珍之味"。虽然我们无从得知汉代八珍到底是啥，但想必和周朝应该相差不远，而且更为重要的一点是，自西汉张骞开通丝绸之路之后，胡瓜、胡桃、胡荽、胡麻、胡萝卜、石榴等西域物种开始传入中国，这极大丰富了我国的物产品种。这里群物百品，远超周天子的规格，自然非常好理解了。

那汉朝皇帝都吃点啥呢？根据西汉辞赋家枚乘在《七发》里对楚太子的饮食描述，有熊蹯之臑、芍药之酱、薄耆之炙、鲜鲤之鲙、秋黄之苏、白露之茹、兰英之酒、山梁之餐和豢豹之胎。虽说这是一篇假设的讽喻性作品，但其中描述汉代宫廷饮食之丰盛，还真是"甘肥饮美，单天下之味"。

从汉到隋唐，曹植曾在其《箜篌引》中描写魏国宫廷美食："中厨办丰膳，烹羊宰肥牛。"虽说这段时间百姓受难于战火，然而该奏乐的地方还是奏乐，该舞的地方还是舞，该吃的地方也依旧佳肴不绝。隋唐是我国宫廷肴馔快速发展的高峰期，此时的中国不仅国力鼎盛，四海来邦，物产丰饶，更重要的是这时候中国人对烹饪手法的研究与秦汉相比已经一个天一个地了。与此同时，隋文帝随前朝设光禄寺，但其职能已经从西汉的"掌宫廷掖门户"，成为专管膳食的宫廷饮食机构，太官、肴藏、良酝、掌醢等原本宫廷中的饮食部门也归到了光禄寺下。除去光禄寺以外，当时专管皇帝私人御厨的还有个机构叫作尚食局。

随着帝王的后厨部队扩大，宫廷饮食开始越来越往精致发展。例如，当时唐宫内一道著名的大菜浑羊殁忽，是先将一整只肥鹅开膛破肚，去除内脏，把肉和糯米饭用五味调好，装入鹅肚子里，接着又把鹅装进已经洗净去除五脏的羊肚子里，再把羊腹缝好，放在火上烧烤。待到烤熟之后，整只羊都弃而不食，只吃鹅肉和里面的糯米饭混肉。

当然，我们不提倡如此浪费食材的烹饪方式，但是这种只取其精的吃法已经说明了唐朝厨师对于烹饪的研究已经非常成熟。还有一道菜叫消灵炙，是一整只羊只取最为精华的四两肉，用来做成肉干。除此以外诸如武则天叫宫女采百花制作的百花糕、名贵的驼蹄羹、用鹿肉制作的鹿尾酱，类似现在盖浇饭的王母饭，都是唐代宫廷中颇为出名的菜肴。

唐朝宫廷肴馔中还有一种极具特色的酒席就是看席，又被叫作"饾饤""饤饾"或者"香食"，席上的菜往往外表华贵，富含中国古代哲学，寄托着美好的愿望和寓意，只是其主要功能就是给人看的，装点排面用的，而不是吃。看来这个时候古代就已经有了"色香味"俱全的概念，只是碍于烹饪技术的限制，还没有办法将其如当代般完美地结合和呈现出来。

也许是赵匡胤出身河南的原因，北宋宫廷肴馔退去了唐朝的那份华贵，变成了简简单单的羊肉和面食，《续资治通鉴长编》中就说："饮食不贵异味，御厨止用羊肉，此皆祖宗家法，所以致太平者。"这相当于宋太祖赵匡胤直接下令为君者饮食一切从简。北宋的皇帝也不敢逾越，如宋仁宗赵祯在位期间，一次宴会有人放了二十八只新螃蟹，询问后得知这菜要二万八千钱，直接就把管膳的人骂了一顿，并叫人拿下去。

北宋或许是我国历史上宫廷肴馔最为节省的一个朝代了，不过到了末期宋徽宗赵佶在位的时候，风气就开始改变了。由于承平日久，加上宋朝经济繁荣，庄绰《鸡肋编》说赵佶在饮食上"尝膳百品，已远超其祖，而意犹不满"，于是自己亲自指导，叫他们做螺蛤虾鳜白、南海琼枝、东陵玉蕊等四方美味；等到南宋之后，宫廷奢靡之风再起。宋高宗赵构是出了名的花钱大手大脚，在吃上面自然也不会亏待自己。根据周密的《武林旧事·乾淳奉亲》记载，赵构还常叫人去临安城内买"李婆婆杂菜羹、贺四酪面、脏三猪胰、胡饼、戈家甜食等数种"食物带到宫内给自己吃，可真是中国最古老的外卖了。其所居住的德寿宫还会给他准备天花蘑菇、蜜煎山药枣儿、乳糖、巧炊、火烧、角儿等小吃零食。

不过这件事同时也说明了当时民间饮食也开始大力发展，普通百姓也能吃上美味佳肴，不然赵构这个美食家也不会专门从民间取食。

元朝的宫廷肴馔就极为特殊了，蒙古贵族在保留自己民族的饮食特殊性以外，还融合了汉族、女真族甚至是中亚、西亚、东欧等地的民族特殊食物，可以说是异域风情最为浓厚的一朝。

除此以外，元朝宫廷肴馔也算是开创了我国药食同源的先河。我国中医学自古以来便有药食同源的理论，认为许多食物同时也是药物，如《黄帝内经太素》就说"空腹食之为食物，患者食之为药物"，即反映了这种思想，但是此后发展一直缓慢。到了元仁宗延祐年间，元朝医学家忽思慧被选为饮膳太医，他既负责当时皇太后与皇后的饮食，也要顺带给她们看病，可以直接理解成现在的专职营养师。于是他以食疗入手，专职侍奉。至元文宗天历三年（1330年），忽思慧以自己的经验编撰成《饮膳正要》一书，其中不仅有聚珍异馔、诸般煎汤、神仙服饵、食疗诸病这种中国传统的食疗药方，还有许多外族或外国食品，为我国"药食同源"的发展做出了巨大贡献。

虽然洪武五年（1372年）朱元璋依前朝设立尚食局来管皇帝吃饭问题，但不久之后其职能就逐渐被尚膳监给代替了。《明宫史》对其载道："天启以前，凡圣驾每日所进之膳，俱司礼监掌印、秉笔、掌东厂者二三人轮办，今年改由此监（尚膳监），亦节省意。至十三年复令司礼、掌印、掌厂，秉笔照先年例，挨月轮流办膳，任遵祖制也。"由此可见，在明朝早些时候皇帝吃的东西和北宋皇帝一样都非常普通勤俭，《明太祖实录》就说朱元璋"宫室器用，一从朴素，饮食衣服，皆有常供，唯恐过奢，伤财害民"。而万历进士谢肇淛所著的《五杂俎》中也认为当时宫廷饮食毫无特色，大多都是寻常鱼肉和牲口，烹饪手法也很简单。

随着社会经济的发展，中后期的明朝皇帝饮食就越来越奢靡了，而且此时孔子"食不厌精，脍不厌细"的思想开始在社会上流行，整个大明朝从上到下对饮食都开始挑挑拣拣，极尽奢华。根据宋起凤在《稗说》中的记载，崇祯皇帝的一顿早饭就有米食、面食、肉类、山珍、海鲜、小菜、小吃、水果各类食物，虽说当时崇祯的用意是以此来警示子孙知晓民间疾苦，而且所选食材没有一项是外族进献的，但和明初比起来，还是非常铺张浪费的。

明朝皇帝饮食有一个特色就是虽然自朱棣迁都北京，包括明英宗朱祁镇及其后的诸帝都算是土生土长的北方人，但是他们却随太祖朱元璋喜欢吃南方的食物，乃至万历皇帝朱由校，最喜欢吃的食物也是炙蛤蜊、炒鲜虾、田鸡腿及笋鸡脯这种简单的南方家常菜。其中看起来略微奢侈的大餐应该是用海参、鳆鱼、鲨鱼筋、肥鸡、猪蹄筋一起炖"三事"，不过也只有大事大喜的时候才会享用。除此以外，明朝宫廷饮食还非常注重时序性和节令食俗，如《明宫史》载："正月初一……饮椒柏酒，吃水点心"；二月"吃黍面枣糕"；三月"吃烧笋鹅"……十一月"吃炙羊肉、羊肉包、扁食馄饨"；十二月"吃烩羊头、炒羊肚"。这也算是古人的一种生活习俗吧。

一说到清朝的宫廷肴馔，很多人就会想到鼎鼎大名的"满汉全席"，认为清朝皇帝每天都是吃满汉全席的，还有那个汇聚天下美食的御膳房。实际上这是完全错误的，因为满汉全席根本就不来自清朝宫廷里面。根据李斗的《扬州画舫录》记载，真正的满汉全席是当时扬州为到此巡视的"六司百官"所办的超大型官场餐宴，自此之后逐渐成为中华美食宴会之巅峰。

既然满汉全席不是清朝皇帝吃的，那他们又吃什么呢？其实和宋朝、明朝一样，清初皇帝吃得也都非常朴素。根据《满文老档》记载，当时贝勒们设宴会，都是直接席地而坐，吃的也是游牧民族中非常常见的牛、羊、鸡、鹿、兔等畜牧，甚至都不怎么烹饪，要么直接炖煮，要么火烤，然后各自佩刀，直接切肉。清兵入关之后，清朝皇帝坐在了紫禁城内，其饮食才在保留满族特色的情况下逐渐汉化。

等到乾隆时期，一方面当时中国的社会发展确实已经达到了封建时期的顶峰，另一方面乾隆本身就颇为注重排场，好大喜功，以至于宫廷饮食的奢侈程度也达到了我国历代宫廷肴馔的顶峰。如乾隆四十九年（1784 年）的除夕大宴，仅乾隆自己享用的大桌上，就有肘子、大小肚子、大小肠子、关东鹅、羊肉、鸭、鱼、鹿等，肉食原料就有三四百斤，更不用说其他的了。

但颇为有意思的是，虽然对于帝王餐饮之丰盛，作为普通人的我们几乎无法想象，但是也别羡慕皇帝吃得多好。溥仪在他的《我的前半生》中就不无感慨地说宫中耗费人力、物力、财力最大的排场莫过于吃饭，平日的菜肴是两桌，冬天又另设一桌火锅，此外还有各种点心、米膳、粥品三桌，咸菜一桌。可是满满当当的食物，味道却不咋地。这是因为帝王用餐必须合乎礼制，在烹饪手法和技巧上御厨没法自由发挥。皇帝用膳之前就必须摆好桌子，御膳房哪能短时间内就做好？所以常常要准备半天或者一天，往往晌午就把晚饭都做好了。而为了保持饭菜始终处于温热状态，便放在蒸笼中一直保温着。我们知道很多美食都要吃一个鲜，这里的鲜除了食材鲜以外，就是一定要烹饪好就及时吃，那才是口感最好的时候，吃着温了大半天的食物，即便再好的美食，也往往索然无味了。

因此，溥仪每次用膳也只是做做样子，事后跑到隆裕太后的宫中开个小灶。对此《清稗类钞》也说得很明白："天厨余馔，经宿辄不可下咽。"过了一晚上都咽不下去，根本就没法吃嘛，由此看来还真的不必羡慕皇帝的山珍海味，像宋高宗赵构一样去民间点个外卖也是非常实在的了。

不过总的来说，宫廷肴馔一直都是中华美食的集大成者，也是天花板的存在。而中华美食的传播路径也都是先从宫中传到达官显贵的餐桌上，再传播到民间富豪的府中，继而由各类酒楼饭店普及到民间，由此我们才会看到现在很多打着贡品、御膳旗号的美食。而现在，在吃得饱之外，大家也都更注重吃得好，吃得营养，这是美食之幸，也是我们肚子最大的幸福。

古人有哪些烹饪方式

在绝大多数情况中，古代和当下的区别都是很大的，但单以烹饪技术而言，我们和古人区别并不大，甚至早在春秋以及秦汉时期，当时的古人就已经基本具备了我们现在所知的大多数烹饪技术。换句话说，在这两千多年的时间里，人类的烹饪技术并没有像科技一样产生巨大的发展，我们现在所看到的餐饮的多样性，主要是借助炊具和火力的进步以及食材的丰富而向更精、更细发展。既然如此，那问题也来了，我们的古人到底有哪些烹饪技巧，他们是怎么做饭和做菜的呢？

《周礼·天官冢宰·膳夫》："凡王之馈……珍用八物。"前面我们说过，八珍历代不同，所以周朝的八珍具体是哪八珍咱也不去深究了，总之东汉末年的儒学大师郑玄是这么注解的，他说："'珍'，谓淳熬、淳母、炮豚、炮牂、捣珍、渍、熬、肝膋。"

在这里面，郑玄不仅说明了八珍是什么菜，还把八珍的烹饪手法也一并告诉了后人。

如淳熬，就是把肉酱（古代叫作"醢"）煎过以后，加到稻米饭上面，然后再浇上动物的油脂。假如底料使用的是黍米饭，那就叫作淳母，其实就有点类似现在的肉酱盖浇饭，同时也说明了当时的古人已经开始使用"煎"这种烹饪手法了。

炮也是古人常用的烹饪手法之一，指将生禽牲畜裹上泥巴之后，放到火上或者火堆中烤熟。很多人一听到这个描述，肯定就反应过来了，这不是叫花鸡的做法吗？只能说是也不是，因为根据《礼记·内则》对炮猪和炮羊的描述，这似乎是一个非常复杂的烹饪手法。首先得将猪或者羊宰杀，去除内脏，在胸腔内填满枣子，然后外面用稻草先缠住包一圈，再涂上泥巴，放在火上烧。等到泥巴烧裂开之后，掰开泥巴，去除猪或者羊身上的稻草和剩下的泥巴，弄弄干净，接着把发酵的米粉涂到猪或者羊的身上，随后放到大油锅里去煎。煎好之后，再把它们切条放在小鼎中，小鼎又放在大锅内，大锅装水蒸上三天三夜，如此炮猪、炮羊才算是做好了。

这样来看，炮算是古代最复杂的烹饪手法了，而我们熟知的叫花鸡最多算是低配版的炮，或者说是民间版的炮。真正的炮则基本只在皇室贵族的大宴中才会使用。

相对于复杂的炮，捣珍就简单多了，顾名思义，就是把各种动物的里脊肉混在一起捣烂，然后去掉薄膜、筋腱等不容易嚼的部位，再加上各种作料就好了。东北有道名菜叫作铁锅乱炖，那么这个就是山珍海味一通胡捣了。

渍，我们现在叫作"腌"，古人会把新鲜的牛肉、猪肉等切成薄片，放在好酒里浸泡一昼夜，然后加上佐料食用，这种烹饪手法就叫作"渍"。《诗经·楚茨》里有"剥削淹渍以为菹"之句，这个"菹"是指酸菜、腌菜，可见很早的时候古人就不仅腌肉，同时还用这种办法腌各种各样的食材。不过我们当代语境下，腌肉或者说渍肉，是指用盐进行腌制。所以说渍只是一种烹饪手法，并不限制你用什么、腌什么。

最后我们来说说肝膋，《礼记·内则》载："肝膋，取狗肝一，幪之以其膋，濡炙之。"即把狗肝用网油蒙起来，然后放在火上烤。所以这道菜具体的烹饪手法其实就是熏烤，说白了就是我们时下最流行的炭火烧烤了。当然，古人也不会整天地烤狗肝，用得最多的还是把诸如牛肉、羊肉、猪肉用草扎起来放到炭火上熏烤，然后撒上姜、盐等香料调味。等到肉风干以后，就可以长久地贮存了，想吃的时候，可以切下一块拿去煎，这倒更类似如今火腿的食用方法。除此之外，古人也会把熏烤干的肉捣碎吃，就类似现在的肉松。

这里我们会得出一个结论，古代由于肉食的稀缺，即便是贵族家中，只要不是那种奢侈到极致的，也不可能顿顿都食用新鲜的肉类。既然如此，如何才能长久地保存肉类就成了古人头疼的事情，熏烤和渍熬两种烹饪手法也由此诞生。

由于文献的缺失，周代八珍到底是哪八珍我们并不知道，但是在郑玄的眼中，八珍未必就代表八种珍贵且稀缺的食材，而是指以上的诸多烹饪技巧。换句话说，到东汉末年，我们目前所使用的烹饪技巧基本就都齐全了。之后古文献中所出现的如炙、脍、醢、脯、羹等，实际上都是以上烹饪技巧的再精细化。

例如炙，烤肉之意，下面一个"火"字，上面一个"肉"字的变形，很是形象，但是炙的原理，无非也就是熏烤的再进化罢了。有个大家都非常熟悉的成语叫作"脍炙人口"，这"脍"是指把肉切成非常细的肉丝，孔子认为"脍不厌细"，意思是越精细越好，所以"脍炙人口"最初的含义就是像"脍"和"炙"那样让大家都喜欢，纷纷口头相传，表示很好。

再比如说羹，羹大家都非常熟悉，就是把各种食材煮烂，煮成浓汤就是羹；在古代，《说文》里讲："羹，五味盉羹也"，就是肉加五味调料煮成的肉汁，和我们说的羹，区别不过就是原料而已。而"以羹浇饭"在古代叫作"饡"，就是我们现在常见的盖浇饭，可以算成是淳熬的改良。

在古代还有两种和酷刑有联系的烹饪手法，一个是醢，另一个是脯。醢是肉酱，但做法极其复杂，需要先把肉做成肉干，然后切碎，加入酒曲和盐搅拌，然后再放入酒中腌，直到一百天以后才算制作完成。后来，古人用作醢的手法发明了一种酷刑。《史记·殷本纪》载："九侯有好女，入之纣。九侯女不喜淫，纣怒，杀之，而醢九侯。"自此醢就成了一种令人闻风丧胆的酷刑。

说到脯，这个词大家应该都非常熟悉，例如猪肉脯，就是猪肉干的意思，这个词古今差异不大，在古代也确实就是各种干的食物。郑玄注《周礼·天官冢宰·腊人》"薄析为脯"，就是薄干肉的意思。不论是牛、羊、猪、鹿、鱼，都可以做成肉干；枣、苹果等水果，也可以做成脯，就是果干的意思。后来古人发明了将人做成肉脯的酷刑。《史记·殷本纪》载，九侯被做成醢之后，"鄂侯争之强，辨之疾，并脯鄂侯"。由此脯就成为了和醢并列的顶级酷刑。

古人到底怎么做饭的，到这就结束了。总的来说古人的烹饪手法时常会天马行空，极尽奢侈，但又在有限的条件下尽量提高食材的使用率，即便是在食材匮乏的时代里，他们也能做出花儿来。

古代皇帝冕冠知多少

　　在山东博物馆明代鲁王展厅里面，有一件镇馆之宝，那就是出土于明鲁王墓的九旒冕。这件藏品本是明太祖朱元璋第十子鲁荒王朱檀的旒冕，即冕冠，也就是帝王的礼帽，只有皇帝、太子以及皇亲诸王才可以佩戴。要知道以前我们只在历朝历代的帝王画像中见过这玩意儿，以至于九旒冕成为了今天唯"二"能见到的帝王冕冠实物，如果袁世凯复辟时戴的那顶也算的话。

　　而当我们仔细端详这顶帽子，会发现它和影视剧中皇帝的帽子出入极大，其通高 18 厘米、长 49.4 厘米、宽 30 厘米。冕体为西竹丝编织成的六边形网格状冠胎，表面敷罗绢黑漆。冠前后分别镶一倭角长方形金饰框，两侧有梅花金穿，贯金簪。前后共垂着 9 道旒，每道旒上 9 颗五彩玉珠，共用珠 162 颗。这是因为明朝帝王的冕冠为前后 12 道旒，每道旒上有赤、黄、青、白、

黑共 12 颗玉珠，太子为 11 旒、11 珠，而到了亲王只能用 9 旒、9 珠。

很显然，古人对于戴帽子一事极为讲究，《说文》就说"大夫以上冠也"，如果一个人戴了不符合其身份的帽子那无疑是杀头大罪，不过就此我们也引出了一个问题，那就是古代地位最高的皇帝，他们戴的帽子到底有什么讲究。

《论语·冠义》说，怎么戴帽子，戴什么帽子是所有礼仪的开始，其重要程度甚至超过了衣着。在南宋的《群书考索》里，认为帽子是黄帝发明的，黄帝先以羽皮为冠，后用布帛，再饰以冠冕缨缕；而汉代的《世本》则认为是黄帝的臣子"胡曹作冕"，这很显然都是强行附会名人。不过在最早的时候，古人确实是根据自然界中鸟兽头部的样式加以模仿改制成冠，又将野兽的须胡改饰成缨与绥，《后汉书·舆服志》中说，"上古穴居而野处，衣毛而冒皮"。

不过这时候古人戴帽子并没有制度上的尊卑之分，更多是为了美观和保暖，或者是为了在狩猎中保护头部的安全，甚至就如同自然界很多头顶美冠的禽类，为了炫耀和求偶，或是身份财富的象征，这样的情况一直延续到周朝。

西周时期，天子和诸侯、王公、卿大夫等在进行祭祀或者举行大典时就须佩戴一种叫作冕的帽子，也被称为冕冠。冕除了是地位的象征以外，还有着现实寓意，一个完整的冕大致由延、旒、缨、纩、纮、紞等部分组成。其中延就是指头顶上那块长方形的板子，上用黑色细布包裹，下用红布，前圆后方，寓意着天圆地方。也是因此，冕又被俗称为"平天冠"。旒是指悬挂在延前后，由五彩丝线穿五彩珠玉而成的玉帝，也叫作"玉藻"，根据佩戴者级别的不同，玉藻数量亦有不同的要求。一般而言天子为 12 道，诸侯 9 道，上大夫 7 道，下大夫 5 道，士 3 道。根据前面鲁荒王的九旒冕，我们可以得知直到明朝帝王依旧保持 20 道垂旒的规格（北周宣帝宇文赟禅让之后自称天元皇帝，实际掌控朝政，曾把 12 道旒改为 24 道，象征太上皇），只是南北朝以后冕冠就成为了帝王以及亲王独享的礼帽。而笔直垂下的玉藻，即垂旒，目的是让佩戴者目不斜视，不视非，寓意洞察大体。

这里需要延伸的一个知识点是，虽然《周礼》中明确规定了冕的形式，还有旒的数量等详细参数，但是目前从考古上的各种先秦刻像来看，旒玉集中在汉代以降，先秦时期的帝王冕中都是没有旒的，所以《周礼》中的冕记载可能并非当时真实情况，而是后世编排。当然此处在考古上没有进一步发现前，尚有争议，故而只做了解，不做深入。

在延的左右两侧还挂着两个黄绵制作的小球，绳子叫作纮，小圆球叫作"黈纩"。如果小圆球是玉制的，又叫作"纩"或者"瑱"，这两块瑱分别垂于耳旁，称为"塞明"，表示耳不闻邪，不妄听是非，它和垂旒结合起来正是"非礼勿视、非礼勿闻"的古训。《汉书·东方朔列传》就解释说："水至清则无鱼，人至察则无徒。冕而前旒，所以蔽明；黈纩充耳，所以塞聪。明有所不见，聪有所不闻，举大德，赦小过，无求备于一人之义也。"

在延的下面是冠身，它的颜色和延保持一致，所以古时候皇帝所戴冠冕都为黑色，而不是通常我们所知的黄色。在冠身的两侧还各开有一小孔，名"纽"，古人会用玉笄也就是簪子，或称作玉簪，穿过自己的发髻和两个纽洞，由此就将冠冕固定到了头上。而玉笄的一端结有红色的冠缨，即为纮，戴冠时需要绕颔而上，固定在玉笄的另一端。《论语》中有载："禹吾无间矣，恶衣服而致美冕。"说的是夏禹虽然平时不注重穿着，但是等到进行祭祀和典礼等重大活动的时候，依旧佩戴美冠，由此可见冠冕在古代帝王礼仪之中的重要性。

当然，不同朝代帝王的冠冕各有不同。春秋时代，由于礼崩乐坏，诸侯割据，各王侯就依据各地风俗以及地理气候差异各自发展了，基本是自己怎么喜欢怎么来。例如，《淮南子》就记载说楚王喜欢戴獬豸冠，而赵惠文王就喜欢戴惠文冠。后来秦始皇一统天下之后，他将各国的首服"收而用之，上以供至尊，下以赐百官"。据说秦始皇把齐王冠赐给谒者（在君主左右掌传达等事的近侍），演变成了通天冠、高山冠，成为地位仅次于冕冠的冠帽；楚王的獬豸冠则被赐给了掌握律法的官员，变为执法冠，这也是现在在法院门口可以看到獬豸像的由来；惠文冠被赐给了武臣，变成了后世武将通用的武冠。

汉朝是我国古代首服系统形成的承上启下时期，它一方面恢复诸多周朝礼仪，另一方面又对某些细节进行改变，成为后世王朝的参照。如玉藻上的珠子的颜色依次为朱、白、苍、黄、玄，就是象征着五行相生相克，充耳也是这个时期才出现的。根据《后汉书·舆服志》的记载，汉代冕冠只有前旒，后面是没有的。

此外，《释名》中说："二十成人，士冠，庶人巾。"在汉代，20岁算成人，才能佩戴名为"冠"的帽子。古人不戴冠的只有四种人——小孩、罪犯、异族人和平民，而当时的老百姓则在头上罩着一块巾，叫作"帻"。到了魏晋南北朝，基本是承袭秦汉旧制。例如，北魏孝文帝推行的汉化改革中就有"群臣皆服汉魏衣冠"的规定。

隋唐之后，《旧唐书·舆服志》中说："唐制，天子衣服，有大裘之冕、衮冕、鷩冕、毳冕、绣冕、玄冕、通天冠、武弁、黑介帻、白纱帽、平巾帻、白帢，凡十二等。"再加上李世民做的翼善冠和后来又加进去的缁布冠和弁，多达十五种，同时他还下诏说："自古以来，天子服乌纱帽，百官士庶皆同服之。"于是乌纱帽一时成为流行。不过后来的唐朝皇帝觉得要戴这么多帽子实在太烦琐了，于是便废除了大部分，到唐玄宗李隆基之时就只留下衮冕、通天冠和幞头三种。到了晚唐时期，由于金器和制作工艺的发展，皇帝们开始以錾刻与捶揲工艺制作九龙环绕的圆形金冠作为冠冕，可谓极致奢华和精巧。

这里还需要注意的是，唐朝之前妇女无冠，我们时常在影视剧作品和戏台上看到的凤冠出现时间很晚。古代女子十五而笄，也就是说女孩子到了 15 岁之后就算成年了，需要把头发盘在头顶上用缁包住，插笄固定，表示可以婚配了。

在宋朝皇帝画像和相关影视作品中，我们最多见的就是宋朝皇帝头上那非常别致的长翅帽，这种帽子只在朝堂和官方活动时才会戴，据说是宋太祖赵匡胤为了防止官员上朝时交头接耳，影响朝堂严肃所特制，但也只能当作一个逸闻听听。实际上宋朝的冠冕是历史中最为复杂的，不论是尺寸、材质，还是

宋徽宗像
现藏于台北故宫博物院

装饰纹样都有着烦琐详细的规定。虽然宋朝冠冕非常繁杂，皇帝却极为少戴，一生都不会有几次。即便是祭祀等大典也是全套通天冠服，程度再低一点如朝会、太子受册等则穿戴远游冠服当作礼服，而在平时他们则更习惯幞头、乌纱帽和小冠。

元朝作为游牧民族自然不会戴冠冕，元帝的帽子叫作"钹笠冠"，俗称"鞑帽"，因为如圆形笠，形似钹，故名。明太祖朱元璋坐天下后，强调"复汉官之威仪"，"诏衣冠如唐制"，最终明朝皇帝穿戴的冠服一共有六种，分别是衮冕、通天冠服、皮弁服、武弁服、常服和燕弁服。考古学家还在北京昌平明定陵中出土了一顶万历皇帝所戴的冠冕，由纯金丝制作的翼善冠，左右各有一条金龙相视吐珠，皇家威严尽显。不过很显然这种金丝翼善冠不论是重量还是舒适度都不适合日常佩戴，应该只是一件礼器。

北京定陵出土的乌纱翼善冠和金丝翼善冠。

女真入关，清朝的皇帝冠冕自然与前朝都不一样，极具女真特色。他们戴的帽子叫作朱砂宝顶，上面镶嵌一颗硕大的东珠。不同的季节和不同的场景，朱砂宝顶亦有不同：祭祀典礼时戴朝冠；端午、冬至、庆寿时戴吉服冠；平常戴常服冠；狩猎、巡幸戴行服冠；祈雨或者遇到雨天出巡就戴雨冠。这些帽子还有冬夏之别，冬天可以保暖，夏天清凉，真的非常人性化了。所以千万记住，皇帝可不是一年到头都只戴一顶帽子的，什么场合戴什么帽子都有讲究。

无独有偶，当东方的皇帝在大典时必须佩戴冠冕的时候，西方的帝王也想在自己的头上整一点东西出来。早在古希腊时期，古希腊人会用月桂编制成花环戴到英雄的头上，象征着美德和力量，等到古罗马皇帝征服古希腊之后，他们便使用黄金打造成月桂花环以象征自己的权力。

不过这时候西方君主的皇冠还没有衍生出实际的象征意义，直到后来基督教成为罗马国教，国王的权力由世俗的人权转为神权，而后君士坦丁大帝成为西方第一个接受教皇加冕登基的皇帝，由此西方皇帝也有了加冕时专用的加冕皇冠。西方现存的最古老的加冕皇冠是保存于意大利蒙扎大教堂的伦巴第铁冠，该皇冠最早是伦巴第王国的王权象征，从8世纪到17世纪，自查理曼大帝征服了伦巴第王国后，历任神圣罗马帝国皇帝都获伦巴第铁冠加冕为伦巴第国王。伦巴第铁冠由6块黄金饰板以

拿破仑加冕

法·雅克·路易·大卫绘

《加冕典礼》

铰链组成，上雕刻有黄金花朵组成的十字形图案，中间镶嵌22颗红色宝石，并以绿色的珐琅作为基色。在这个皇冠的内部有一个铁环，据说这个铁环是耶稣受难十字架上的一颗钉子，也算是世俗权力和神权结合的象征。

如果从这点看，西方的皇冠和东方的冠冕还颇有异曲同工之妙，两者都有着"君权神授"的象征意义。但实际上西方的皇冠却更类似中国古代的传国玉玺，它是具有一定传承意义的，而不是跟冠冕一样，历代帝王都自个儿找材料来制作就行了。例如欧洲最负盛名的加冕皇冠是800年教皇列奥三世给神圣罗马帝国奠基人——被誉为"欧洲之父"的查理大帝——加冕时用的查理曼皇冠，随后这顶皇冠就成为了神圣罗马帝国"传国玉玺"一样的存在，更是帝王合法性的象征。没有这顶皇冠，谁也不能自称皇帝，连拿破仑一世加冕的时候，都重新制作了一顶查理曼皇冠，可惜他本人更喜欢一个金桂叶的冠圈。

这种风气自然也影响了欧洲其他皇室的皇冠。例如，苏格兰斯图亚特王朝国王詹姆斯五世加冕的时候，他就声称自己的皇冠使用了领导苏格兰民族独立的苏格兰国王罗伯特·布鲁斯王冠上的一些零件，以表示权力的继承和传承。

所以皇帝戴什么帽子，怎么戴帽子，不论中西，其本质都是权力的象征，这也是为什么在古代帽子不能乱戴的原因。

古代胡椒为什么是天价

  大历十二年（777年），宰相元载因独揽朝政、排除异己、大肆敛财被唐代宗李豫赐死。当然，这不是重点，重点是衙役居然在他家里抄出八百石胡椒，后世讥笑其为"胡椒宰相"。宋朝诗人陈与义还特意作诗《贪廪》讽刺，曰："君不见领军家有鞋一屋，相国藏椒八百斛。"无独有偶，明武宗朱厚照的义子、锦衣卫亲军都指挥使钱宁于正德十六年（1521年）倒台的时候，其家中抄出胡椒足有数千石，元载见了都甘拜下风。

  无论是元载还是钱宁，私藏如此巨量的胡椒显然不是为了自己吃，因为胡椒在中国古代可是奢侈品，足以让同等分量的黄金黯然失色。既然大家都知道胡椒很贵，可当代的我们无论怎么想，也无法理解为何胡椒会如此之贵。所以我们现在就来聊一聊这令人痴迷、欲罢不能的胡椒背后，到底有哪些你不知道的故事，是什么支撑其如此高昂的价格。

首先我们要知道胡椒在我国古代算是个进口商品，而且在明末大批量种植之前，每一粒胡椒都来源于南亚次大陆抑或东南亚地区。比如，西晋司马彪的《续汉书》有："天竺国（古印度）出石蜜、胡椒、黑盐。"《酉阳杂俎》卷十八也记载："胡椒，出摩伽陀国，呼为昧履支。"其中摩伽陀国就是公元前4世纪的印度十六古国之一。

在胡椒传入中国之前，花椒、姜和茱萸这种中国本土植物是当时百姓最常使用，也是最受欢迎的辛辣味调料，被称为"三香"。《吕氏春秋》中有言："调和之事，必以甘、酸、苦、辛、咸。"古人认为最好的食物调料，按照味道来排名是甘、酸、苦、辛、咸。其中花椒是辣和麻，姜是辣，茱萸是酸涩。当胡椒在两汉时期传入中国后，其特有的辣味中带着苦涩的味道，瞬间抢走了"三香"辣味之王的宝座，再加上它可长期保存，且极为稀有的特性，迅速成为东方香料之王。

不过此时的普通百姓可没有资格接触到胡椒，即便是宫廷之中，也就只有宫宴上的"胡盘肉食"中才会使用胡椒来压制肉的腥味。自两汉以降，胡风流行，《旧唐书》中记载道"贵人御馔，尽供胡食"，所以把胡椒和胡风饮食所匹配，几乎是盛唐最高规格的餐饮，也难怪元载会在家中储藏如此巨量的胡椒。

如果你认为当时的胡椒只是用来做饮食调和物，那就大错特错了。唐朝时期，虽然胡椒属于稀罕物，但是应用却非常广泛。比如，人们会在茶中加入点胡椒粉，让茶香和胡椒香一起缭绕在鼻尖，不仅提神，还可以令人心情愉悦，满鼻子都是金钱的味道；把胡椒和酒一起煮，甜酒辣香，格调顿时就上升了不知道多少个阶层。现在一个人身上带有胡椒味，我们一定会认为他是菜场卖调料干货的，而在当时，身上带有胡椒香味，那绝对是贵胄子弟。

此时的胡椒不仅夺得东方香料之王的桂冠，还逐渐成为了东方香药之王。所谓香药，是我国特有的文化，通俗地说就是香料药用。我国土生土长的香药在先秦时期仅有蒿、兰、桂、艾、花椒等几种。例如，先秦医方《五十二病方》中就记载了这些香药的药用价值。等到张骞出使西域开通丝绸之路后，源源不断的香料涌入中国，并与中医理论所结合，由此才形成我国所特有的香药文化。

胡椒最早的药用被东晋医学界葛洪记载在其著作《肘后备急方》中，他认为胡椒可以用来治疗霍乱。而药王孙思邈则在其名著《千金翼方》中指出："胡椒味辛，大温，无毒，主下气温中，去痰，除脏腑中风冷，生西戎，形如鼠李子，调食用之，味甚辛辣，而芳香当不及蜀椒（即花椒）。"从这个记载里面我们可以看出，孙思邈认为胡椒香味并没有比花椒强，但是胡椒却拥有"下气温中，去痰，除脏腑中风冷"的药效。元朝宫廷医师忽思慧在其《饮食正要》中也说胡椒可以治疗"中风头眩，手足无力，筋骨烦痛，言语蹇涩"。而在《本草纲目》中，李时珍说胡椒可以"去胃口虚冷气，宿食不消，霍乱气逆，心腹猝痛，调五脏，壮肾气，治冷痢"。

所以在古代的中国，胡椒的香药价值要远远高于其香料价值，普通百姓即便不可能拿胡椒做香料，可一旦为了治病也不得不用高昂的代价购买胡椒。

这种情况实际上也发生在欧洲地区。胡椒第一次从东南亚传到西方，居然是被古埃及人拿来制作木乃伊。而在制作木乃伊之余，古埃及人想着反正都是拿来腌肉，为何不大胆一点，由此胡椒在历史记载中第一次被用作餐饮调料，之后传入欧洲。比如，古罗马烹饪书籍《烹饪的艺术》就记录了 500 多道菜肴，而涉及胡椒的就有 480 余种，由此足以说明胡椒在欧洲的受欢迎程度。

和古埃及人用胡椒做（腌制）木乃伊的做法异曲同工的是，在当时的欧洲，人们往往也是把胡椒当作防腐剂抹在肉上面，如此一来不仅大大延长了肉的保质期，同时还能掩盖肉本身所散发的腥味，尤其适合制作海鲜水产等重腥味菜肴。再加上欧洲本土的地质和水文条件并不盛产香料，导致胡椒成为当时西欧社会中应用最广、最具代表性的一种香料，欧洲人就用"贵如胡椒"（Cher comme poivre）来表达一件商品的昂贵。甚至当年罗马城分别被哥特人和匈奴人两次包围的时候，后者所提出的交换条件就是一吨胡椒。而中世纪的英国，一斤胡椒的价格基本等同于一头猪，可见"贵如胡椒"，算是名副其实了。

上文我们已经说了胡椒很贵，不仅在中国贵，在欧洲也非常贵，同时也说了胡椒为什么会这么贵。然而按照市场经济理论，即使从印度或者东南亚到欧洲或者中国路途遥远，中间成本极高，但胡椒在原产地的价值几乎可以忽略不计，再加上其拥有好储藏、好运输的特点，没有理由贵到如此离谱的地步啊？

实际上胡椒之所以这么贵，问题还是出在中间商身上，即阿拉伯人和热那亚商人。在1498年达·伽马开辟欧洲到印度航线之前，所有南亚次大陆和东南亚的香料都必须经由中亚的陆路到达欧洲。这种情况当时也发生在中国，唐朝时期，印度直接对唐贸易处于低迷状态，相反的是经由丝绸之路进入中国的货物大大增加。虽然当时广州通海夷道，即从海上丝绸之路到南亚次大陆诸国的贸易路线已经开通，但是司南（指南针）直到宋朝才发明出来，海运风险极大，综合收益并不高，这导致了当时印度香料生意基本被阿拉伯人所垄断，要卖多少价钱完全由他们说了算，商人重利，当然是怎么贵怎么卖了。

而为了抬高胡椒的价格，阿拉伯商人不论是对欧洲还是中国都会特意控制胡椒的出口数量，让市场永远保持一个需求大于供应的状态。这就是为什么胡椒无论是在欧洲还是古代中国，价格都非常高昂的原因。有意思的是，达·伽马回到欧洲的时候，谎称自己船上载有大半船的胡椒，这直接导致了欧洲的胡椒价格暴跌，许多胡椒商人因此破产。这也从侧面说明了当时胡椒高昂的价格不仅是炒上去的，而且是有人在刻意控制胡椒供应量，以维持其巨额的利润。

到了我国这边，宋朝之后胡椒就在广东地区进行少量栽培，但当时胡椒的供应主要还是赖于进口，基本属于上层社会专用的产品。进入明朝后，明政府长期实行海禁政策，导致当时许多人开始走私胡椒。如成化十四年（1478年），江西商人方敏三兄弟伙同广东商人陈佑等，合谋走私贸易，在海外收购大批的胡椒、沉香和乌木，结果被明朝海关（负责稽查走私的沿海诸军）截获。然而令人啼笑皆非的是，当时的明朝海关见胡椒如此暴利，更常与驻地附近的子弟一起进行走私，"假名公差，阴实为盗"。

不过明朝中后期，胡椒在我国已经开始大批量种植，虽然当时胡椒的价格还远远不到亲民的地步，但已经逐步被打下神坛。例如，明朝戏曲家、养生学家高濂所著的《遵生八笺》中就介绍了使用胡椒的菜肴做法："蟹生：将生蟹剁碎，用麻油熬熟，冷却后用胡椒、花椒末、茴香、砂仁等，再加葱、盐、醋，共十味，加入拌均，即时可食。"此时的胡椒已经不再是从前那个高不可攀的香药、香料双料之王，逐渐变成了小康之家的日常用品。所以虽然钱宁所藏胡椒比元载多上数百石，但两者的价值完全不是一个量级的。

与此同时，原产于南美的辣椒经由墨西哥、吕宋（菲律宾）抑或是马六甲于16世纪末传入中国，不过最初的时候人们只是把它当作观赏植物，万万没有想到这红艳艳的家伙有朝一日会把在中国作威作福了一千多年的香料之王胡椒拉下王座。如徐光启《农政全书》载："番椒，亦名秦椒。色红鲜可观，味甚辣。"当有人第一口吃下辣椒的果实之后，这种辣几近是彻底颠覆了中国人千百年来对于辣的一切想象，人们惊呼这才是真正的辣，辣中之王。辣椒对土质不挑剔，日照要求也不高，更重要的是其抗旱性极强，这就导致了大江南北、黄河两岸无不红灿灿的一片。

自此之后胡椒不管是地位还是价值，都应声下跌，逐渐成为平常物。

古人穿内裤吗

古人穿内裤吗？这是一个很多人都非常好奇的问题，但如果要详细地讲述古人到底穿不穿内裤这件事，我们却要从中西方不同的文化区别以及历史发展说起。

世界上最早的内裤大致出现于公元前7000年左右，在古埃及的壁画中，我们可以看到用兽皮裹着下体进行农猎活动的男人。很显然，他们这么做的目的并不是遮羞、保暖、卫生一类，而是不让晃动的下体妨碍自己的劳作和狩猎。毕竟你可以想象一下那个画面，当你拿着长矛追赶野山羊、麋鹿一类的动物时，如果下体随意晃动，会不会阻碍你的行动。

但是在中国，特别是汉代之前，我们的古人却根本不穿内裤，他们甚至都不穿裤子，还把穿裤子的人视为蛮夷、不文明的人。其中可以作为对比的就是因为要方便骑马而不得不穿裤子的游牧民族，中原人士称之为胡人。虽然"胡"字起先仅代表外族人、外国人，并无蔑称的含义，但由于自商周时起，胡人相对于中原不仅文明程度低，且时常与中国爆发武力冲突，久而久之"胡"就成为一种略带藐视和轻侮含义的名词。

例如战国时代赵国的君主赵武灵王，他为了提升赵国逐渐下降的军事实力，于是下令全国进行名为"胡服骑射"的改革，也就是学习胡人穿窄袖短袄，束皮带，用带钩，穿皮靴，当然还有更适合劳作以及战斗的裤子。然而他的命令还没下达，就遭到了赵国都城许多皇亲国戚、权贵大臣的反对，公子成义正词严地说"易古之道，逆人之心"，并拒绝穿裤子。

如果是女性，穿裤子的行为还会被视为羞耻的、淫荡的。因为在传统封建礼教中，人们认为女性的两条腿分开是不成体统的，被视为是勾引男性的行为。于是女人就这样被藏在了宽袍大袖之中，将自己身为女性的特征结结实实地给掩盖起来，穿裙子和裹小脚一样，是我国古代女性在穿着上最显著的特征。

既然如此，我们的古人穿什么呢？西晋的《帝王世纪》里有"黄帝始去皮服，为上衣以象天，为下裳以象地"的说法。我国古代的男人上身穿衣，下身穿裳，就是我们俗话所说的衣裳。但是裳并不是裤子，是一种类似裙子的遮羞布，无论男女都会这么穿。所以唐玄宗李隆基所作的曲子叫作《霓裳羽衣曲》，不叫作《裤子羽衣曲》。

到了汉代的时候，为了更方便活动，许多人都开始穿裤子了，《汉书·上官皇后传》就说："虽宫人使令皆为穷裤，多其带。"那时的裤子叫作"绔"和"袴"，也叫作胫衣。所谓"绔"和"袴"，实际上都是源于"跨"字的衍生，汉人刘熙《释名·释衣服》说："跨也，两股各跨别也。"不过你可不要以为穿裤子了就得穿内裤，因为为了方便大小便，这时候的绔在关键部位可都是真空的，基本就是两个裤筒套在腿上，上端有绳带以系腰间。

由于绔是贴着大腿穿的，所以其材质大多由质地比较柔软的生绢制作。实际上普通人家也没有那个经济能力在裳里面再穿一件绔，明人张岱在《夜航船·衣裳》中就说："纨绔，贵族子弟之服"，表明了绔的地位。成语"纨绔子弟"，即来源于此，其中纨绔指用细绢制作的绔。北宋诗人苏轼在《赠李彦威秀才》中也写道："弃书捐剑学万人，纨绔儒冠皆误身。"

既然纨绔是有钱人穿的，那中国古代真的没人穿裤子、穿内裤吗？答案当然是否定的，虽然穿裤子在古代被认为是不文明的行为，但无法否认的是，在农猎等生产活动上裤子确实比裳裙要方便很多，所以劳动人民以及丫鬟、奴仆等底层百姓在劳作的时候往往会穿上裤子，而这种裤子被叫作犊鼻裈，古书中也称为"穷裤"，可见其当时的情形了。犊鼻裈因形似牛鼻而得名，唐人颜师古注"合裆谓之裈，最亲身者也"，也就是说，犊鼻裈就是一种合裆裤，它有长有短，长的和现在的裤子没有

《浴马图》，元·赵孟頫，图上唐代马倌穿着犊鼻裈。

区别，短的自然可以看成是内裤，或者说短裤更为切合实际。

等到魏晋以后，特别是唐宋时期，我国男子的下半身基本上是开裆的绔和合裆的犊鼻裈同时存在，这个时候你把犊鼻裈称为内裤似乎并不矛盾。而且当时的女生为了防止突然来例假造成下半身出糗，也会在裤子里面再穿一件剪短的旧裤子，也可以看成是内裤。但是从严格的意义来说，我国古人并不穿内裤，不论是犊鼻裈还是为了例假所穿的旧裤子，和当代内裤在功能上都有着完全不同的理念。

无独有偶，在中世纪欧洲，女性穿内裤也会被视为羞耻的、淫荡的，虽然有内裤这个形式存在，但是它似乎只有老太婆才会穿。现在内裤最为重要的一项功能是保护私处的卫生，但是古代欧洲人在相当长的时间内绝对是全世界最不注重个人清洁的。除了随地大小便以外，他们也不爱洗澡，甚至只在出生和结婚的时候洗一次。就这种清洁程度而言，穿内裤确实比不穿内裤要卫生许多了。

　　然而相反的是，虽然中世纪女性不穿内裤，但是男性却穿起了内裤。在 16 世纪，欧洲不论是王室贵族，还是主教教众、平民百姓，男人都喜欢穿一种叫作"裆袋"的内裤，材质各式各样，除了皮料和布料以外，甚至还有金属制作的。具体的穿法就是他们将紧身长筒袜穿在衬裤外面，然后用吊袜带固定住，接着在裆部系上一个裆袋。

The Peasant and the Birdnester，彼得·勃鲁盖尔绘，1568 年。图中的农民穿了裆袋来保护私处。

如果古代中国女性在头上戴各种头饰来显示自己尊贵的身份，那么中世纪欧洲男人的裆部就具有相同效果，裆袋除了让他们私处凸起，彰显雄性力量以外，还有人会在裆袋上镶嵌各种珠宝金饰，用来展示自己高贵的身份。

大约是 17 世纪以后，法国女性由于喜欢穿蓬蓬裙，就是那种用宽大裙撑支起的裙子，导致动作幅度一大就会完全走光，隐私无法被保护。如 1717 年，俄国沙皇彼得大帝初到巴黎，结果当他骑马走过拥挤街道时，一位法国女人由于不小心在他的马前滑了一跤，顿时，裙摆乱颤，一片春光让彼得大帝也是惊掉了下巴，事后他在回忆录里写道："噢，天堂之门开启了！"

也正是基于此，后来法国贵族女性中就开始流行一种叫作"加尔松"的短裤，这是一种镶有蕾丝边、带花纹的精致短裤，可以看成是现在的安全裤。当然，你说它是内裤也没有问题，毕竟是贴身穿着的，就是为了防止诸如骑马时不慎跌倒走光所用的。

总而言之，不论是东方还是西方，古人都是不穿内裤的，即便有内裤的形式，如犊鼻裈、裆袋或者加尔松，但和现代的内裤可谓完全不一样的功能和形式，无法算在同一类中。

直到 19 世纪之后，随着工业革命的发展，女性也能胜任机器前面的工作，而为了方便和灵活，她们开始穿上短裙以及防止走光的内裤。接着是自行车的流行和卫生知识的普及，也让更多人开始接受内裤，并不得不穿内裤以防磨屁股。这种理念再从西方传到近代的中国，由此掀起了一场内裤普及的革命。

生活这件小事

古代的房价贵吗

自 2500 多年前中国古代最伟大的思想家老子一句"安其居，乐其俗"之后，中国人对房子的执着就如同基因一样，流淌在血液里，代代相传，连咱最伟大的诗人之一杜甫也不禁发出一声"安得广厦千万间，大庇天下寒士俱欢颜"的感叹。

然而正所谓"溥天之下，莫非王土"，在任何时代里想要拥有完全属于自己的房子，都不是一件轻易的事情，所以今天我们就来看看，假如你生活在古代，要付出多大努力才能拥有自己的房子。

（一）生活在先秦及秦代

众所周知，先秦时期我国一直执行的都是分封制，你想要房子，那么首先得有一块地，而要拥有这块地就只能等天子给你分配，即"授民以疆土"。但是这里我们需要注意的是，作为我国奴隶社会土地制度的代表时期，在那个年代想要拥有自己的土地那就得是"侯"或者"伯"这些奴隶主了，也就是俗称的地主。可地主家地太多了，等到西周中后期就逐渐发展成了"私田"，并且有时候还会拿"私田"去换点钱花，那当时的地价是多少呢？

1975年，我国考古学家在陕西岐山董家村挖掘出的一处周代青铜器窑藏中，发现了我国第一宗土地交易记录被刻在卫盉（古代喝酒的容器）的盖上。说是周共王三年（公元前920年），一个叫作矩伯的人将要去觐见周天子，那毕竟也不能空着手去，同时还不能太寒碜。于是矩伯思前想后，最终用1300亩地换取了另一个叫作裘卫的土豪一块价值八十朋的玉佩和一件价值二十朋的皮衣，也就是用合计一百朋的财物换取或者说购买了1300亩土地。

朋是古代以贝作为货币职能的价值单位，不过由于这都是贵族之间的交易，实际上对百姓就没什么参考价值了。换句话说，你要是穿越到先秦时期做一个平民，房子这东西生下来有就有，生下来没有也就没有了。

那百姓没有房子住，你给他房子住，然后让他为你卖命，这买卖岂不划算？公元前356年左右，一名叫作商鞅的秦国官员一拍脑袋，提出了一个令人拍案叫绝的想法，这就是"商鞅变法"中的"秦国二十级军功爵位制"。该制度规定秦国的士兵只要斩获一名敌人的首级，就能够被封为叫作公士的一级爵位，同时赐田一顷，房子一栋，仆人一个，最终该制度贯穿秦朝始终，并延至汉初。

那这里就很尴尬了，你说你打架不行，一上战场就成了软脚虾，那就不要穿越到秦朝。想住房子我们来看看两汉怎么样。

（二）生活在汉代

到了汉朝，社会已经发达到了一定程度，再加上安居乐业，土豪们纷纷建起了自带农场果园的大庄园，《东观汉记》就记载了一户姓樊的土豪田庄："高楼连阁，陂池灌注，竹木成林，六畜杂果，檀漆桑麻，闭门成市。"

普通百姓的房子虽然只是"一堂二内"，也就是我们现在的两室一厅，但至少也不用去干上阵杀敌的活儿才有房子住了。那假如你想改善居住条件，汉朝的房地产市场究竟怎么样呢？

在《金石萃编》中就记载了当时汉朝城市南郑（汉中）的房价，从低档到高档分别是1万钱、2.5万钱和豪宅7万钱。当然也有百万豪宅，出土的居延简就说熹平十年（181年）有一个叫作郑子真的人，他"所居宅舍一区直（值）百万"。

辽阳三道壕西汉村落遗址复原模型（摄于辽宁省博物馆）。

那汉朝工资水准又如何呢？根据《后汉书·百官志》记载，当时一个科员（佐史）的年工资是 96 斛米，合 9600 钱。这是有文化的人，那没文化的打工仔呢？有"月值四百廿四"和"积四月，直二千八百"两种说法，换算一下，前者是年薪 5088 钱，后者是 8400 钱。

那从这里看，在汉朝买房相对还是比较容易的，一个最底层的公务员攒个两年也能买个"两室一厅"。只是像郑子真那样的百万豪宅，就不是普通人能觊觎的了。

但是这里要注意了，西汉《二年律令·户律》规定，"欲益买宅，不比其宅，勿许"，意思就是你要买房子只能买自己邻居的。这个规定当然不是为了限制房产价格，而是为了控制百姓的活动范围以便于邻居相互监督检举。所以这么一想，汉朝真的是"买房易，买房又不易"。

（三）生活在隋唐

作为盛世王朝中的代表，唐朝应该是很多人心中梦寐以求想要穿越的王朝，它百姓富足，国家强盛，看一眼国际大都市长安城，约诗仙李白饮一壶杜康，人生亦不过如此了。但是，你说你想要在长安城买房？这就难办了。

作为唐宋八大家之首，官位最高至吏部侍郎，也就是相当于现在人事部副部长的韩愈曾在《示儿》一诗中不无骄傲地写道："始我来京师，止携一束书。辛勤三十年，以有此屋庐。"看来韩愈拼搏了三十年才买了一处房子，不过他好歹有点"稿费收入"，而且韩愈买的也是豪宅。作为武后、睿宗、玄宗朝三朝宰相，和房玄龄、杜如晦、宋璟并称唐代四大贤相的姚崇，直到晚年都没钱买长安城的房子，一直寓居在皇家寺院罔极寺中，还是唐玄宗实在看不过去了才让他搬到当时的政府办公楼四方馆中的，特许给他作为住宅使用。

那具体到房价是多少钱呢？根据《宋刑统》引"唐元和五年

十一月六日敕节文"，唐朝名相魏徵的后代因为贫穷，曾把祖宅抵押给别人。后来这事闹到官府，由朝廷"出内库二千缗"给赎买了回来，并再次赐给魏徵后代。这里的缗等同于贯，也就是1000文。而《长安志》卷七"崇义坊"里也记载了当时朝廷在大中十年（856年）"出钱三千四百七十五贯"赎回唐朝名将段秀实的房子，还有唐玄宗年间朝廷曾拍卖了长安城一处38间的顶级豪宅，价格是"十三万八千贯"。

唐朝薪资水平如何呢？白居易曾在自己的"日记"中写道，唐德宗贞元十九年（803年），自己通过考试成为小科员"秘书省校书郎"，时月薪"万六千"，也就是月薪1.6万文，合16贯，年薪192贯。而一个普通百姓年收入则非常可怜，《唐会要》卷六十五记载，广德元年（763年）卫尉寺因政府财政不足，大量裁员，最后留下的幕士（仓管人员）月薪是3500文，也就是年薪42贯。

那么从这里我们就可以对比得出：如果白居易一直当小科员，那么他要买魏徵的房子需要不吃不喝十年，而一个普通人则需要近五十年。如果你想要买豪华点的，段实秀那种，普通百姓不吃不喝需要足足八十三年。

长安居，果然不易。很多人看到唐代的房价，估计都准备打退堂鼓了，那我们就去宋朝看一看，毕竟宋朝可是中国最富裕的朝代。

（四）生活在宋代

宋朝虽然一直被认为是中国封建时期最为富裕的朝代，但同时它也是封建时期贫富差距最大，市场经济、各种垄断极度发达的王朝，有个残酷的现实就是你想要在宋朝买房子，难度可不比唐朝小多少。

唐宋八大家之首的韩愈通过三十年努力才买到京城的房子，同为八大家之一，做过杭州市市长的宋朝豪放词领袖苏轼，他似乎买不起京城的房子。因为苏轼是在五十岁那年才从弟弟苏辙那借了 3000 贯在江苏常州买了人生中的第一栋房子。

可常州终究是二线城市，那京城开封的房价怎么样呢？根据《宋史》记载，咸平年间宰相向敏中曾"出资五百万"买下前宰相薛居正留下的房子，这里的"五百万"即 5000 贯。在李焘的《续资治通鉴长编》中也记载了京城恶霸崔白强买邻居梁文蔚的房子"即以其舍求质钱百三十万，白因以九十万市之"，明明价值 130 万文的房子，就给了 90 万，也就是说，当时开封普通房子是 1300 贯左右。

那宋朝的薪资水平呢？王安石在《上仁宗皇帝言事书中》写道："其下州县之吏，一月所得，多者钱八九千，少者四五千，计一月所得乃实不能四五千，少者乃实不能及三四千而已。"咱就取个平均数，小科员一个月 5000 文，年薪就是 60 贯。而苏轼谈到"免役法"时，说"三日之雇，其值三百"，换算一下，合计年薪就是 36 贯。

所以从这里我们可以看到，普通人想要在城市里买房，还是相当困难的。也难怪北宋散文家王禹偁在《李氏园亭记》中描写开封是"重城之中，双阙之下，尺地寸土，与金同价"。而宋人陶谷在《清异录》中描写开封普通市民的居住情况是"四邻局塞，半空架版，叠垛箱笥，分寝儿女"。这和当代城市中的蜗居有什么区别呢？

这里要提及的一点就是，不管是什么时代，唐代也好，宋代也罢，城市的房价和乡下的房价总是两极化的。虽然京师的房价动不动就是上百文起步，但是在县城上百贯左右也能够拥有自己的房产。例如宋太宗时期，有个叫作冯起的人在开封中牟县购买了一处住宅花费 100 贯；宋徽宗时期，大臣刘安世在睢阳"以镪二十万鬻一旧宅"，换算一下就是 200 贯。

如果用这个价格去计算，在宋朝拥有自己的房产似乎并不困难，然而百姓除去吃穿用度，再加上城市之间劳动力需求差距巨大，根本不可能像现在一样天天有活计，想要买房依旧不是太容易的事。

不过和汉唐一样，宋朝实际上也有限购政策。我们知道，汉朝只能买邻居的房产，而唐朝则是"天下诸郡，应有田宅产业，先己亲邻买卖"(《唐会要》卷85)。你要买房得先问房产原主人的亲戚、邻居卖不卖给你。而到了宋朝，市场经济已经成为国家经济的主流，官府自然不限制普通人买房，却对官员提出了另类的要求。

如宋真宗就曾下诏"禁内外臣市官田宅"，宋仁宗时规定"现任近臣除所居外，无得于京师置屋"，当官的除了自己住的，不能额外在京师购置房产。很显然这个限购仅针对官员，之后元、明、清基本延续了宋朝的规定，均加强对官员购置房地产的控制，元朝在"前去立账，遍问亲邻，愿与不愿执买，得便与人成交"(《至元二年晋江县务给付麻合抹卖花园公据》，收录于《中国历代契约会编考释》)外，还规定蒙古官员不得在原南宋统治区域内买房；明朝则是"凡有司官吏，不得于见任处所置买田宅。违者笞五十，解任，田宅入官"，也就是说不能在任职的地方买房；清朝对旗人的规定和明朝一致，也是不得在任职地买房。

不过这和咱百姓有什么关系呢？正所谓没有对比就没有伤害。

（五）生活在明清

《中国历代契约会编考释》里面记载了崇祯十三年（1640年）顺天府大兴县的傅尚志卖了一座破瓦房给张名，两间南，两间北，一间厢房，卖价33两。破是破了点，但是占地面积非常大，有点小四合院的感觉。最主要是便宜，只卖33两，这是什么概念呢？在明朝，哪怕地位低下仅仅是一个马夫，其一年收入也有足足的40两，换句话说，马夫一年只要过得稍微节省一点，买个房子绰绰有余。

通过之前的对比，我们知道历朝历代公务员的工资都在普通劳工的两倍左右，只有唐朝时期公务员和劳工的收入差距达到了四倍，而明朝的公务员则可怜得不行，一个七品左右的锦衣卫，年收入不足50两，仅比马夫高一点。不过好在房子并不是很贵，当时即使是北京城内的房子，也不过一两百。

等等，还有清朝呢。在《清康熙年间契约文书》中有一则是朱天佑、朱天福等人把叔叔位于东城崇南坊二牌拥有三间店面、七间房子的四合院典当给一个叫作张祯的人，合计是250两整。

这房子位置优越，面积还大，放到现在妥妥得上亿。更令人大跌眼镜的是，相比起清朝人民的收入，这房价根本不算什么。根据《清会典事例》记载，清朝知县年俸禄是45两上下，这本没有什么，问题是乾隆之后清政府推出了养廉银制度。官员在固定工资外还有一份养廉银，根据各地经济差异为官俸的10倍到100倍。

所以哪怕我们以最低标准去计算，一个知县一年俸禄就合计500两上下，能在北京城买两个四合院。如果是经济发达地区的封疆大吏，如台湾巡抚刘铭传年俸为155两，养廉银高达1万两之巨。如果不是官员购房禁令，单从经济上来说真的是想在哪买房就可以在哪买房，不知道身为宰相还没自己房子的姚崇知道后会怎么想。

不过相对来说，清朝普通人的收入就没那么理想了。《儒林外史》里面范进岳父是个姓胡的屠夫，他曾训斥范进"你问我借盘缠，我一天杀一个猪，还赚不得钱把银子，都把与你去丢在水里，叫我一家老小嗑西北风"，即使按照一天一钱银子计算，那么屠夫的收入就是一年36两，与清朝房价和工资收入的对比来说，只能算马马虎虎吧。

由此我们看到：如果你的身份是个农民，那么穿越到明朝最容易买房；如果你是要去干公务员的，那就果断选择清朝中后期吧。

（六）生活在欧洲中世纪

许多人都知道欧洲在古代一直都是分封制，领土全部掌握在领主和国王手中，从理论上来说百姓是无法买卖不动产的。但实际上这是一个非常大的误区，中世纪的土地不动产权极其复杂，虽然不像中国一样，早在汉朝百姓就可以在政府规定下进行适当的转移买卖，但随着时间的推移，欧洲农民也拥有了自由处理自己土地的权利。

例如 12 世纪晚期达勒姆主教颁发给威尔茅斯的一份特许状中规定，"市民（自由人）对以自己金钱购置的土地，其给予、售卖给任何人都是合法的，并且无需获得批准与继承人的同意"。而英格兰在 1290 年亦颁布了《土地完全保有法》，即《土地买卖法》，算是首次承认了私人地产的合法买卖。

不同于古代中国要数年甚至数十年的劳动付出才能购买一处房产，中世纪时期不动产采用的往往是每年付"年租金"的模式，可以理解成现在国外的房产持有税。例如《末日审判书》中，在维尔特郡的马姆斯伯里，市民可以通过每年缴纳 10 便士的租金（其余地方大多数在 10—12 便士），从国王手中获得一处房产。要知道当时工人的工资一天就可以达到 2 先令左右，也就是 24 便士，这 10 便士一年的租金，跟不要钱基本没什么区别。当然，这一切的前提就是该市民得是自由民，而不是农奴。

总之，房子是永恒的话题，从秦朝必须杀敌才能拥有房子到之后的自由买卖，正因为有了需求，才有了市场，最终以价格的形式来呈现供需关系，需求越大，价格自然就越高，再加上大城市的资源高度集中，于是便出现了几代人的奋斗只为片瓦的情况。

古代有哪些化妆品

爱美之心人皆有之，古以"眉如翠羽，肌如白雪"作为美女的标准。然而人貌有百态，毕竟不是每个人都可以像杨玉环一样"天生丽质难自弃"，于是"化妆术"就成为了古往今来人们用来修饰面容最普遍的方式。

有很多人会觉得化妆术是当代人的专属，毕竟如今才有琳琅满目的化妆品，令人眼花缭乱的口红色号，可这就大错特错了。化妆在我国有着悠久的历史，古人对化妆的痴迷程度以及妆容样式的多种多样，可完全不输给当代的我们。既然如此，那古人到底是怎么化妆的，他们又有哪些化妆品呢？下面就给大家解密一下。

古人到底从什么时候开始化妆的呢？远在旧石器时代的山顶洞人就已经开始把赤铁矿粉往脸上涂抹。我国的考古学家在牛河梁红山文化遗址中发现了一个彩塑的女神头像，该头像的双颊以及唇部都有明显的红色。当然，这些并不足以证明当时的人们已经开始普遍用化妆来修饰自己的脸庞，因为绘面习俗——包括最早的化妆更多用在远古图腾仪式上，也就是说，最早化妆的人肯定是巫师等神职人员，是有一定的自然崇拜和信仰意义的。然而，这些因祭祀活动所产生的可用于脸上的颜料，在后世发展中却成了最早的化妆品。

目前我国记载于史书上最早的化妆，出现在先秦时期，《战国策·楚策三》中有"彼郑周之女，粉白黛黑"的说法，《楚辞·大招》中也有"粉白黛黑，施芳泽只"。所谓粉白黛黑，就是在脸上涂粉，让脸更白；黛黑，即把眉毛画得更黑。既然要把脸弄成"粉白黛黑"，那当时的古人有什么化妆品可用呢？

首先是"粉"，先秦时期的粉多选自米粉，直接将上等的米磨成粉，就成为最早的化妆白粉；而当时的"眉笔"，多是直接将柳枝烧成炭后涂在眉毛上。后来人们又发现了一种叫作"黛"的藏青色矿物，便将其研磨成粉，加水调和之后再用眉笔蘸上来画眉，如果是块状的，就可以直接在眉毛上来描绘了。

先秦时期的古人就已经知道眉形和唇妆对于脸部修饰的重要性，《诗经》描绘美女的眉毛就是"螓首蛾眉"，意思是额头像螓一样宽广方正，眉毛像蚕蛾的触须一样细长弯曲，这也成了先秦时期眉妆最普遍的样式。也难怪刘熙在《释名·释首饰》中解释："黛，代也，灭眉毛去之，以此画代其处也。"可见古人和我们一样，都是先将眉毛修剪成理想的眉形，而后再进行画眉的。

等到进入秦汉之后，妆容从"粉白黛黑"的黑白妆进化到"（秦）宫中悉红妆翠眉"，即彩妆的开始。既然流行彩妆，自然说明当时已经出现了能抹腮红的化妆品，而这种东西就是染米粉和胭脂。染米粉就是把白色的米粉染红，其后的制作方法和白米粉一样，成本较低。到了南北朝的时候，粉的制作工艺进一步提升，如《齐民要术》中记载，想要获得上等的米粉，优先选用粱米或者粟米，可提高粉的贴合度，随后将米研磨成细粉，用水浸泡发酵到腐烂，接着洗去酸味，用一个圆形的粉盆使米汁彻底沉淀，最后放在太阳下暴晒至干，即可得到粉饼。当时的人们还将紫色颜料加入其中，制作出紫粉；接着在其中加入各种香料，于是又成了更高级的香粉。香粉不仅能敷面，还自带香水功能，如唐朝的迎蝶粉、宋朝的桃花粉、明朝的梨花粉等。

相对染米粉而言，胭脂出现的时间则要晚上许多，因为胭脂在当时可是纯进口化妆品。胭脂，又写作焉支、烟支、燕支、鲜支等，它的原料是一种叫作"红蓝"的花朵。其花瓣中含有红、黄两色颜料，在花开之时摘下，然后放入石磨中碾碎，淘去黄汁之后，晒干便成了红色的颜料。但红蓝花最早并不产自中原，晋人崔豹的《古今注》中记载："燕支，叶似蓟，花似蒲公，名为燕支。中国人谓之红蓝，以染粉为面色，谓为燕支粉。"这里的西方，指的是匈奴，这句话把胭脂的由来说得非常清楚，所以目前大致的推测就是张骞出使西域之后，胭脂才传入中土，成了高贵的进口化妆品。也难怪霍去病夺取河西走廊后，匈奴人悲痛欲绝，其歌曰："亡我祁连山，使我六畜不藩息；失我焉支山，使我妇女无颜色。"可见人家匈奴人老早就开始使用胭脂作为化妆品了，胭脂之名就来源于其产地焉支山。还有一种说法是，即便在匈奴，胭脂也只有匈奴皇后才可以使用，而皇后的称呼就是"阏氏"，"阏氏"和"胭脂"的汉语读音一样，这便是胭脂之名的由来。

胭脂在进入中原之后，也是经过改良的。秦汉时期人们在胭脂中加入牛骨髓，使其更为浓稠。到了南北朝时期，胭脂制作工艺进一步提升，不仅出现了小巧秀气便于携带的"金花胭脂"迎合市场，还有需要用丝绸或者棉布蘸取未被晒干的红蓝花汁涂脸上的"棉胭脂"，后者相对于干胭脂，红色更为鲜艳，效果自然更加显著。胭脂除了作为腮红以外，也有人将之当作"高级口红"来涂抹嘴唇。

大致到了东汉时期，古人又发现了一种更为高级的粉——铅粉，崔豹《古今注》中说："纣烧铅为粉，曰胡粉，又名铅粉。萧史炼飞雪丹，与弄玉涂之，后因曰铅华，曰金粉。今水银腻粉也。"这里纣王烧铅粉一般认为是附会之说，铅粉应该是两汉时期道教炼丹热的产物。铅粉不论是美白还是遮瑕和提亮效果，相对于米粉都有着大大的提高，又具备便携易储存、滑腻柔细、不溶于水的特性，其持久性和保持妆容的完整性也不是米粉可以比的，所以铅粉出现之后，便迅速成为贵妇们首选的化妆品，和米粉形成明显的高低档。这就是为什么涂了铅粉的少女才有资格被叫作"铅华"，连清朝的词人纳兰性德也不免吟一句："小屏山色远，妆薄铅华浅。"

不过，铅粉实际上是一种无机化合物，内有毒素，长期使用会使肤色发青，在现代化妆品制造中是明令禁止的添加品。而古人也早在唐朝就发现了这一点，如《本草拾遗》中说它"寒，小毒"。但与此同时，铅在古代又是一味中药，《日华子本草》说它可以"镇心安神。治伤寒毒气，反胃，呕哕，蛇、蝎所咬，灸熨之"，并且认为它"甘，无毒"。总之，在没有统一科学标准的古代，古人对于铅的毒性认知并不强，再加上铅确实各方面都比米粉好上太多，这才让铅粉自道士的炼丹炉中诞生起，就成了古代最高级的粉底。

此外，两汉时期还出现了两种流行化妆品——"口红"和"卸妆油"。在长沙马王堆汉墓木俑中，考古人员发现这些木俑的嘴唇为樱桃般的点唇样式，这些木俑也因此得名叫作"点唇木俑"，该木俑的出现基本证实了两汉时期我国就已经开始流行唇妆了，并以樱桃小嘴的样式为美。

单从涂唇来说，先秦时期古人就有涂唇化妆的习惯。例如，宋玉在《神女赋》中写道："眉联娟以蛾扬兮，朱唇地其若丹"，赞赏女性唇色如丹砂，红润鲜明之美，促使最早的"口红"出现，即朱砂唇脂。不过朱砂是一种矿物，其黏合力较差，效果不持久，所以后来人们将之与动物油脂一起配比调和，便产生了集防水滋润和提亮等功能于一体的最早的口红——唇脂。汉人刘熙在《释名·释首饰》中就说："唇脂，以丹作之，象唇赤也。"所以一般认为改良版的口红是两汉时期出现的。

相对于胭脂、铅粉来说，真正站在贵族化妆品顶端的还属"澡豆"。澡豆，顾名思义类似现在的肥皂，是古人的清洁用品，北齐时期便有歌谣："取红花，取白雪，与儿洗面作光悦……与儿洗面作光华……与儿洗面作颜容。"所以说它是古人的"卸妆油"也不为过。不过这"卸妆油"的来历可不一般。在先秦时期，古人洗脸一般都用草木灰，后来随着佛教传入中国，当时佛经中的清洁用品澡豆也随之进入了中原大地。澡豆即各种豆类碾成粉，做成豆面之后再混入各种中药香料。例如，孙思邈的《备急千金要方》中有一经典的澡豆配方，上写："白芷、青木香、甘松香、藿香各二两；冬葵子、瓜蒌仁各四两；零陵香二两，毕豆面三升，上八味捣筛。"这里的毕豆即豌豆，当然用其他豆也可以。澡豆之所以有清洁功能就是因为豆类植物中含有具备去污清洁功效的皂角苷。古人发现这点之后，澡豆自然迅速代替了没啥清洁功能的草木灰，只是混合了如此多种中药的澡豆在诞生之初可是实实在在的顶级奢侈品，只在贵族之间流传，百姓大多闻所未闻。直到唐代之后，随着经济逐渐繁荣，澡豆才在大众中开始使用，直到清末被肥皂所代替。

从两汉到南北朝时期，如此丰富的化妆品被应用，也推动了女性妆容从先秦时期的简约到两汉的多样性，面妆的技巧也日渐成熟化。除了前文我们提及汉代流行樱桃小嘴的唇妆之外，《后汉书·梁翼传》中，有"寿色美而善为妖态，做愁眉啼妆……以为媚惑"之说，这里的"愁眉啼妆"就是一种啼哭之状的眉妆；张沁的《妆楼记》中说三国时期，宫女们竞相模仿魏文帝曹丕宠姬薛夜来不小心面触屏风而流血的神态，即在眼角两旁各画一条红色的月牙，名字叫作"晓霞妆"，唐朝时又叫"斜红妆"；北齐时中原大兴佛教，古人从涂金的佛像上受启发，从而开始学习在额间涂上各式各样的黄色，这就叫作"额黄"。南朝梁简文帝《美女篇》作："约黄能效月，裁金巧作星。"就是指星月样式的额黄，此后这种妆容在唐朝时期进入鼎盛。

额黄继续发展又变成了一种叫作"花钿"的面妆。花钿又叫作花子、面花和贴花，因为画额黄需要技巧且麻烦，于是古人便直接用金箔、鱼鳞、纸，甚至是蜻蜓翅膀等涂上颜料，裁剪成自己想要的图案，化妆时直接贴到额头。《木兰辞》中"当窗理云鬓，对镜贴花黄"，这"花黄"就是花钿了。

《北齐校书图》(局部)，南北朝·杨子华绘。
图中女子头部便涂了额黄。

后来还出现了一种妆容，即先秦时期原本用来标记宫女是
否来月事的"面靥"，在两汉时期成为了一种面妆。《释名·释
首饰》中记载："以丹注面曰旳，旳，灼也。此本天子诸侯群妾
当以次进御，其有月事者止而不御，重以口说，故注此丹于面，

灼然为识，女史见之，则不书其名于第录也。"后来宫女看到这种在脸颊上点红色圆点十分好看，于是便将之作为面妆的一种，而直接点个圆点的这种又叫作"的"，后来又衍生出状如桃花的"杏靥"，如钱币的"钱点"等，古人统一把这种在脸颊两边画的妆称为面靥或妆靥。

到隋唐之后，颠覆性的全新的化妆品并没有出现，不过这并不妨碍古人在原先的化妆品上进行改良，如唇脂的色号总算是告别了单一的大红色，有了浅红、绛红、紫色、猩红甚至是黑色等。随着国力走向历史巅峰，丝绸之路让中西文明和各族

新疆阿斯塔纳唐张礼臣墓出土的彩绘仕女屏风画（局部）。图中女子脸上画着浓重的彩妆，体现了唐朝的奢华之风。

文化开始在长安城激情碰撞，经济繁荣，生产力提高，古人的妆容也比前朝更上一个台阶，进入多彩多样的兴盛期。例如，《妆台记》记载："浓者为酒晕妆；浅者为桃花妆；薄薄施朱，以粉罩之为飞霞妆。"

之后，夸张奇异之风一时成为流行，杨慎的《丹铅续录》载唐玄宗李隆基好"眉癖"，让画工画《十眉图》，分别是鸳鸯眉（八字眉）、小山眉（远山眉）、五岳眉、三峰眉、垂珠眉、月棱眉（却月眉）、分梢眉、涵烟眉、拂云眉（横烟眉）和倒晕眉；五代陶谷记载的唐朝唇妆有胭脂晕红、石榴娇、大红春、小红春、半边娇、万金红、圣檀心、天宫巧、猩猩晕、媚花奴等；而甘肃榆林窟壁画中，我们能看到几乎整张脸都贴满各种花钿的唐朝侍女。李隆基是不是有"眉癖"无法考证，但是如此复杂多样的妆容已经足以说明唐朝是我国化妆史上的第一个高峰。总体而言，妖艳绮丽、追求个性和奢华就是唐朝时期妆容的主流。

经过了盛唐的疯狂之后，宋朝的妆容在继承部分唐朝遗留以外，开始恢复素净高雅的风格，就如同宋瓷一般淡雅简约。之后程朱理学兴起，人欲被封建礼教层层包裹，乃至元明清三朝，除去皇家贵族以华丽庄重为主以外，普通百姓基本都是偏向柔美清秀的面妆风格了。

综上所述，可千万不要小看古人的化妆技巧以及对化妆的热情。即便是以当代的眼光来看，唐朝都是我国化妆技术的鼎图中的朱皇后妆容淡雅，脸上点缀着数枚珍珠花钿和宝靥。

盛期，当时人们愿意去表达自己，以取悦自己为主，更愿意去展示自己的独特，以至于各种奇异妆面层出不穷，十分新潮。

古人如何上厕所

　　所谓人有三急，分别是内急、性急和心急，排在第一位的便是每个人日常都要经历的内急。

　　上厕所虽然只是一件小事，但由于事关个人卫生，且不可能像洗澡一样说不洗就不洗，如何解决内急就成了全人类共同面临的问题。这内急既不能憋，又频繁异常，万一遇上个拉肚子，那更是个中滋味，如鱼饮水。所以现在我们就来了解一下古人上厕所的那点事儿。

　　中国关于厕所最早的记载是《周礼·天官》中的："宫人，掌王之六寝之修，为其井匽，除其不蠲，去其恶臭。"这个担任"宫人"职位的人，是古代皇宫里的淘粪工人，同时也说明了周朝时期我国厕所的形式就是一个井字形的大坑，即"匽"。在《左传》中还记载了一个颇有意思的故事，说的是春秋时代晋国国君晋景公姬獳在吃完东西后拉肚子，于是跑到"匽"中如厕，却不小心掉入粪坑被淹死了。谁也想不到当年结束楚国霸业，击败齐国的一代雄主，最后竟然是如此奇葩的死法。

在绝大多数人的印象中，古人大致是不注重个人隐私的，毕竟他们为了方便，甚至连自己裆部都没有片叶遮蔽，以至于古代自始至终都没有内裤这个物品。不过在上厕所这件事上，我国不仅早在春秋时代就设有"公共厕所"，并且颇为注重上厕所时候的个人隐私。例如，《墨子·旗帜》中就称："于道之外为屏，三十步而为之圂，高丈。为民圂，垣高十二尺以上。"路边设厕所，四周有高墙，这基本就是一个非常现代化的公共厕所了。

从《墨子》的这段话中，我们可以得知古人还鼓捣出了一个别具一格的特殊厕所——"圂"，圂最早是指猪圈，即"豕"住在"囗"里面，后来古人发现猪圈和厕所简直一样臭且脏，猪拉屎在猪圈，为何人不拉在猪圈里呢？不仅省了建"匽"的钱，还可以在清理猪屎的时候一起清理人屎。于是古人一不做二不休，要么直接在猪圈上面建一个厕所，要么就把厕所和猪圈紧挨着建在一起。《汉书·刘旦传》就记载，在燕剌王刘旦谋夺皇位失败前，发生了"豕祸"，即从厕所中跑出了一大群猪。而考古中也发现汉代陶厕明器，厕所设于高层，拾级而上，与猪圈紧密相连，排泄物自然两相共通。所以"圂"字不仅有猪圈的意思，同时还有厕所的意思。

汉代是我国历史上厕所发展的一个高峰期，为什么这么说呢？因为这个时候厕所不仅开始分男厕和女厕，而且还有更具卫生和清洁考量的冲水马桶出现。例如，陕西汉中市汉台区的一座汉代古墓中，曾出土过一个王莽时期的明器"绿釉带厕陶猪圈"，该厕一共开有三个门，左侧两门和右边一门之间有一道矮墙相隔，里面也有一道高墙将男女厕分开，充分保护了各自的隐私。顺便提一下的是，绿釉陶厕的下方就是一个猪圈。

绿釉带厕陶猪圈（现藏于湖南省博物馆）

不论是在猪圈里方便，还是在"匽"里方便，那股屎味总是如影随形，将如厕者紧紧包裹其中，那滋味想必大多数用过旱厕的人都有所体验。穷人没办法，但这并不能代表富人没办法，所以阶级分化这事，也在厕所上体现得淋漓尽致。例如，在河南永城芒砀山汉梁孝王后陵墓中，考古人员就发现了石质坐便器，不仅有石制扶手，工匠还在坐便器下面凿出了一条冲粪便的水沟，随拉随冲，保持厕所的干净无异味；而根据《晋书·刘寔传》记载，西晋顶级富翁石崇家的厕所，"有绛纹帐，裀褥甚丽，两婢持香囊"，甚至方便后，还要换上新衣服，这哪里是厕所，就是豪华会所也自叹不如啊。

除此以外，古代土豪还会用干枣以及一种类似肥皂的澡豆来作为上厕所的清洁用品。东晋大将军王敦第一次去妻子武阳公主家上厕所，看到厕所里放着一盘干枣就直接吃光了，事后婢女给他端来一盘肥皂水，结果他错当茶水一饮而尽。实际上干枣是给如厕者塞鼻子用的，而肥皂水自然是洗手的，堂堂大将军由于生活简朴而闹了笑话。不过这也算是比较极端的情况，即便以奢侈著称的明清皇宫中，最多也不过是往马桶里丢点香料中和一下臭味而已。

实际上不论是讲究的冲水马桶，还是建在猪圈上面的圂，都不是古代最为普遍的厕所，当然更不是最普通百姓的如厕方式，毕竟家里养着好多头猪，在古代绝对算地主级别了。最常见的其实是我们所熟知的木质马桶。《史记·万石君传》就记载汉初大臣万石君之子石建，每次回家看望老父亲，都会"取亲中裙厕牏，身自浣涤"。这里的"厕牏"就是一种将木头中间凿空，以盛粪便的亵器，即马桶。后来马桶的制作又由木块拼接而成，接着涂上油漆用以防水，这个故事说的是石建不惧污秽，亲自帮父亲洗马桶，以示孝道。而《燕京杂记》则有载："古人当街便溺，妇女亦当街倒便器。加之牛溲马溺，重污叠秽。"当我们忽略"当街便溺"这种不文明行为外，这句话也说明了"便器"马桶才是古代最为流行的如厕方式。除了马桶以外还有夜壶这种专供男性小解的便器。例如，清朝传奇剧本《桃花扇》里有段台词，"今日早起，又要刷马桶，倒溺壶，忙个不了"，也说明了这个情况。

青瓷虎子（现藏于辽宁省博物馆）

古代最普遍的化肥，一是草木灰，二就是人畜粪便，所以到了宋朝的时候，我国发展出了专业收集粪便的倾脚头，在《梦粱录·卷十三·诸色杂卖》里对当时杭城倾脚头描述道："街巷小民之家，多无坑厕，只用马桶，每日自有出粪人瀽（倒）去，谓之倾脚头，各有主顾，不敢侵夺。或有侵夺，粪主必与之争，甚者经府大讼，胜而后已。"看来在古代拉屎还真是能拉出一个产业来的。

相对于东方我们较为熟悉且逐渐进步的如厕方式，西方的厕所史大概就是人类文明的一场退步史——如果截止到抽水马桶被发明之前的话。因为早在公元前 2000 年至公元前 1600 年的克诺索斯王后宫中，考古人员就发现了拥有排水系统的厕所。可惜的是，在非常长的一段时间内，这种先进的厕所仅局限于这个地中海小岛内，更为广大的欧洲大陆和西亚地区则过着一种几近原始的如厕方式。《旧约》中对此描述道："在你器械之中当预备一把锹，你出营外便溺之后，用以铲土，转身掩盖。"这会儿我们才明白，原来猫和某些狗埋屎的习惯，很有可能是从人类这里学去的。

西方这种原始的如厕方式最终被自诩站在文明最高端的古罗马人所终结，早在公元前 3 世纪的古罗马，考古人员就发现了建造有完备冲水系统的公共厕所。是的，相对于时间相差不远的西汉梁孝王私人冲水厕所，当时古罗马人在体育馆以及浴室等诸多公共场所都设置了带有冲水系统的公共厕所，成为古罗马公民非常重要的权益之一。这种厕所由两排排水沟组成，上面分别设置一排木质、中间镂空数个圆孔的座位，用以方便，这让古罗马公民在方便之余面对面聊聊天还是挺方便的。有意思的是，这种公厕里面还分别有两条较小的水槽，上面放着一根根末端绑有海绵的小木棍，没错，这就是方便后用来擦拭关键部位所用的"搅屎棍"。

罗马时期就有如此发达的公共卫生系统，那后来岂不是更加叹为观止？从某种程度上来说，确实是更加叹为观止，但是这种叹为观止却是退步性的。随着欧洲文明被大大小小的城堡所分割，这些拥有迷宫式大房子的贵族，可懒得跑野外去方便，他们一般会将厕所建在城堡最边缘的位置，修成一个稍微凸出的石室，而石室中自然是一个个的坑位，坑位下面竟然是空空如"野"，直接和大自然亲密接触。所以千万不要迷信西方那巨大的城堡，因为他们拉完之后，那糊状物往往不可能完整地落到地面上，而是一不小心便随风糊在了城堡外墙面上。

城堡毕竟是有钱人的住所，那西方的普通平民呢？他们大致和《燕京杂记》中所记载的一样，在家里或者街边角落上方便，然后在夜深人静或者天微微亮的时候将它们铲到大街上。稍微有点条件的平民家中都会自备马桶等便器，但依旧是在夜深人静或者天微微亮的时候倒在街上。

所以西门庆运气还是蛮好的，因为潘金莲只是不小心掉落下来一根撑窗的木棍，而不是正往外倒马桶，不然故事可能就是另外一个故事了。

古人都养哪些宠物

　　人类喜欢养宠物，普通的如猫、狗，爬行类的如蛇、守宫，观赏类的如鸟和鱼等，宠物市场也随之繁荣兴盛。这时候我们不禁要问，人类为何热衷饲养宠物，并为之付出大量的精力和时间？

　　宠物不仅具有欣赏价值，更具备陪伴价值，对许多人来说，宠物可以极大满足自身的精神需求，而这个时候宠物和人之间也突破了物种的限制，成为了主人家中不可或缺的家人。当然，人类对于宠物的需求也不是突然出现的，早在原始狩猎时期，人类就已经开始驯化野生动物成为家畜了。例如，司马迁在《史记》中就说舜帝在劳作的时候"象为之耕，鸟为之耘"。而后随着生产力的提升，当有些动物不再作为食材或者劳役所需时，其欣赏价值和陪伴价值反而开始凸显，逐渐演变成人类的宠物。那这里就有人好奇了，古人到底会养些什么宠物呢，他们人人都是"猫奴"吗？所以今天我们就来说一说古人养宠物那些事儿。

相对于当代五花八门的各式宠物，很多人会以为古人的宠物无非是如今所常见的猫猫狗狗，这其实是一个先入为主的错误观念。古人宠物的多样性远远超出我们现在的想象，我们最熟悉的宠物如猫、狗、锦鲤等，都要到中古以后才真正开始在宠物市场上活跃，它们出现的时间并不长。当然，为了更好地论述古人的宠物，我们姑且借鉴古已有之的动物分类法，将之分为虫、鱼、鸟、兽四类。

一、兽类宠物

上文我们已经说过，宠物大致演化的路线就是野生动物——家畜——宠物，所以最早的宠物一定是从家畜，即动物生产力工具转变而来的，如我们最为熟悉的狗。狗是公认的人类最早驯化的动物之一，其不仅可以看家护院，打猎围截，更是作为陪伴型宠物的不二之选。早在新石器时代，考古学家就已经发现了家犬的遗骨，到了商周时期，文献中已经出现了对宠物狗的记载。例如，西周时期有个官职位叫作"犬人"，《周礼》解释为"凡相犬、牵犬者"，说白了就是给皇帝养宠物狗的；《穆天子传》中也说："天子之狗，走百里执虎豹。"可见当时皇室豢养能打猎亦能陪伴的猎犬已然成为一种风气。在《尚书》中还记载了这么一件事，说是西族氏曾把獒犬当作贡品送给周武王，太保召公奭趁机写了一篇《旅獒》劝诫周武王姬发要注意个人德行。当时的北方还有一种叫作"胡犬"的狗，因为凶猛异常，成为先秦名犬。

从这些记载中，我们可以看到早在先秦时期，狗因为能够狩猎以及作为表演动物而得到人们的喜欢。例如，《战国策·齐策》就说当时临淄的有钱人喜欢看"斗鸡走狗"的表演；汉代皇宫中也设有"狗中"和"狗监"帮皇帝养狗，汉武帝更是设"犬台宫"为文武百官表演斗狗戏。随着时代的发展，狗作为陪伴型宠物的作用开始凸显，不再需要进行表演和狩猎，三国东吴宠臣何定，其犬价值缣数万匹，连狗身上的饰品都值钱一万，很显然这种名贵狗是作为纯宠物狗饲养的。

唐初时期，高昌国进贡了一种叫作拂菻狗的小狗，史载该狗"高六寸，长尺余，性甚慧，能曳马衔烛，云本出拂菻国。中国有拂菻狗，自此始也"，又称"猧儿"。宋朝的时候人们又把拂菻狗叫作罗江狗。元代称为金丝犬。明清时被叫作牡丹犬。其实这种小狗就是如今京巴犬的先祖。由于模样乖巧可爱，京巴犬一进入中国，便成为唐朝贵妇的贴身宠物，并频繁出现于我国古代绘画以及诗词等文艺作品中。史载，宋太宗赵光义有一

宠物狗

唐·周昉《簪花仕女图》

现藏于辽宁省博物馆

只叫作"桃花"的爱犬，太宗驾崩，该犬便不吃不喝，后来宋真宗赵恒将桃花也葬在了赵光义的永熙陵寝之中。"桃花"为何犬，至今众说纷纭，但有一种说法，桃花即拂菻狗。

不论"桃花"是否真的是拂菻狗，都说明了唐宋时期是我国宠物犬饲养的兴盛期，虽然这时候民间养狗还是以狩猎、看家等生产性内容为主，但是皇室贵族已然更倾向于狗的陪伴功能。所以等到明清之后，狗就成了人们最重要的宠物之一了。

和狗一样，猫也是我们最为熟悉的兽类宠物之一，但是相对于狗，猫作为宠物的时间要短上不少。虽然早在《礼记·郊特牲》中就有"迎猫，为其食田鼠也"的说法，但是这个时候的猫很显然并没有被当作宠物看待。直到唐朝的时候，宫中贵妇们开始养猫作为陪伴，民间也开始出现了"猫奴"。例如，唐德宗时期连山大夫张搏就被人戏称为"狸奴"，他把自己的七只猫分别取名为"东守""白凤""紫英""怯愤""锦带""云团""万贯"，"皆价值数金"。一口气养七只如此名贵的猫，自然不可能是为了捕老鼠，已然是纯粹当作宠物看待了。

和拂菻狗的出现一样，宋朝时期我国也出现了纯种宠物猫，《梦粱录》中曾记载过一种"狮猫"，该猫黄白相间，长毛，虽然无法捕鼠，却因为毛发松软得到了上层贵族的喜欢。田汝臣在《西湖游览志余》中曾记载，秦桧孙女崇国夫人养的狮猫死了，临安府衙居然抓了数百人查询凶手，也真的是人不如猫贵。

如果说唐人爱狗，那么宋人一定是更爱猫的，这在文人阶层中尤其明显，原因也不外其他，因为猫能"护书"。梅尧臣在《祭猫》中说，与狗相比，猫更好饲养，更不费粮食，并且还能保护书籍，自然得到文人的喜欢。南宋诗人陆游就是著名的"猫奴"，作《咏猫诗》十二首，以表达自己的爱猫之心。

正是因为宋人极其爱猫，在岳珂的《桯史》中，记载了南宋杭州城内曾兴起了一阵"偷猫"风气；而根据《夷坚志》记载，也有猫贩子将白猫染色后充作名贵猫种出售的事情。更有意思的是，当时还有一种风俗叫作"乞猫"，所谓"古人乞猫，必用聘"，就是通过向猫主人赠送小鱼干、盐等，聘（换）回来一只小猫。

与宋太宗赵光义和他的宠物狗"桃花"的故事一样，中国历史上也有一只大名鼎鼎的御猫叫作"霜眉"。史载，明朝嘉靖皇帝朱厚熜尤其爱猫，宫中设有猫儿房，近侍三四人，就是专门给他养猫的。通体毛色淡青、双眉洁白、性情温驯、能通人心的"霜眉"得到了嘉靖的喜爱，不论是外出还是就寝，"霜眉"都不离左右，嘉靖甚至封其为"虬龙"。可猫命有限，"霜眉"死后，嘉靖帝悲痛不已，将其葬于万岁山北侧，命为"虬龙冢"，并立碑祭祀。要知道历史上的嘉靖帝即便是对亲生儿子明穆宗朱载垕都极其冷淡，深居内宫二十余载，不想却是如此一个暖心的"猫奴"。

　　画中两姐弟在花下游戏，姐姐手持一面彩色小旗子，弟弟则拿着一支用红线绑着的孔雀羽毛，逗引小猫。

宠物猫

宋·苏汉臣《冬日婴戏图》

现藏于台北故宫博物院

除了猫狗之外，古人还会饲养并作为宠物的有马、象、虎、猿、狮、豹、犀牛、熊、鹿等大型动物，明武宗朱厚照的虎城、象房、豹房、鹿场应该是大家最熟悉的。不过由于珍稀度和饲养难度，大型兽类宠物也多集中在皇室和顶级权贵家中，而像狮子、大象和犀牛这类的，来源只能是外邦进贡了。例如，贞元九年（793年）林邑国献驯犀，德宗"甚珍爱之"，然而由于饲养不科学，三年后该犀牛就被冻死了。这类大型猛兽即便是对进贡国来说，也算是国宝级的珍稀动物，所以有时候还会同时进献了解动物习性的国民一同来中原照料。李商隐有诗云："蛮童骑象舞"，这蛮童就是和大象一同进献的贡品；还有大名鼎鼎的"昆仑奴"，《太平广记》中说卢顼的婢女小金曾梦到长安街上"有神人骑狮，以二昆仑奴操辔"，实际上当时的昆仑奴最早就是作为驯兽师成为长安城贵族之宠的。

　　在这些大型宠物中较为特别的就是马了。马在古代不仅是重要的交通工具、战略资源，同时还是古人重要的娱乐项目"走马"的主角。"走马"是古代的一种博彩游戏，类似现在的赛马。后来波斯的"打马球"运动传入中国，一时风靡整个贵族阶层。根据历史记载，唐中宗李显、唐玄宗李隆基、唐穆宗李恒、唐敬宗李湛、唐僖宗李儇和唐昭宗李晔都是马球运动迷，宋代诗人晁说之的《题明王打球图》中有"阊阖千门万户开，三郎沉醉打球回"之句，这里面的"三郎"就是李隆基。

不过你可不要以为皇帝们喜欢的马是普通的马，当时唐朝贵族所钟爱的马大多是西域大宛马、吐谷浑良马、西域汗血宝马以及吐火罗、大秦、疏勒诸国进贡的宝马，例如，唐太宗李世民最喜欢的宠物就是一只叫作"狮子骢"的马。相对于中原一带的马，这些马往往身形高大，毛发茂盛。随后，驯马艺术也于唐代传入中原，由此才出现了贵族宴会中的"舞马"表演。由于这种表演形式是由西域传入的，所以也被叫作"胡戏"。胡戏除了舞马以外，还有"舞狮"。这些都说明了外来动物在中国成为宠物的过程。

二、鸟类宠物

飞禽是古人最喜欢的宠物之一，且种类远比兽类要丰富很多。西周时朝廷就设闽隶"掌役畜养鸟"，甚至还有国君因为养飞禽而亡国的。在《左传》中有个故事叫作《卫懿公好鹤》，说的是卫国国君卫懿公酷爱养鹤，王宫中的鹤出门都是乘坐轩车，有爵位有俸禄。后来狄人打过来，人们建议卫懿公派鹤出去战斗，遭受讽刺的卫懿公这才意识到自己的错误，遂将鹤全部放走。然而为时已晚，卫国在同狄人的战斗中一败涂地，最终亡了国。

在鸟类宠物中，资格最老的应该算是鸽子了。在距今3000

年前的安阳殷墟妇好墓中，考古人员发现了家鸽的存在，这种鸽子短嘴、圆头、宽眼皮，和野鸽子已然是差异巨大。不过早期的人们驯养鸽子似乎是为了食用的，直到南北朝时期才出现把鸽子作为表演宠物的记载，晋宋小说家戴祚就在其《西征记》中记载了当时开封县有戏鸽的表演。随后人们发现了鸽子具备传递书信的功能，于是鸽子又被当作信使来饲养。例如，五代后周王仁裕的《开元天宝遗事》中就记载："张九龄少年时，家养群鸽，每与亲只书信往来，只以书系鸽足上……时人无不爱讶。"这是关于信鸽最早的记载，所以当时的人会感到非常惊讶。后来人们依据鸽子识路恋巢的特征，驯养出了舶鸽，用以航海回家时候指路。

鸽子除了被开发成工具，也被逐渐当作纯粹的欣赏型宠物，北宋人寇宗奭在《本草衍义》中说："鸽之毛色，于禽中品第最多。"说明古人对鸽子毛色的欣赏，于是雪白的鸽子便有了个别名叫作"雪衣"。很多动物，一旦变成纯粹的宠物，那待遇就完全不一样了。例如，宋时有钱人养鸽子，甚至流行用镶满金饰的"金笼"来装鸽子。

和鸽子差不多的鸟类宠物还有鹦鹉，曹植在《鹦鹉赋》中有："遇旅人之严网……身挂滞于重笼。"可见汉代即已有人养鹦鹉。鹦鹉相对于其他鸟类，不仅能学人说话，毛色还极其亮丽，自然也受到人们的喜欢，宋徽宗赵佶就作有一幅《五色鹦鹉图》，并题有"体全五色非凡质，惠吐夛言更好音。飞翥似怜毛羽贵，徘徊如饱稻粱心"之句。这里值得注意的是，八哥和鹦鹉是不同的鸟，八哥学名为鸲鹆，在《负暄杂录》中说因"南唐李主讳煜，改鸲鹆为八哥"，如此才有八哥之名。汉人刘安《淮南万毕术》中记载了古人教八哥学说人话的技巧："寒皋断舌可使语。""寒皋"是八哥的别名之一，可见古人早就已经开始饲养八哥为宠物了。然而正所谓同为宠却不同命，由于缺少科学的解释，古人一直都是用剪掉八哥的舌头来教八哥学说话的，这种驯养方法甚至延续到清朝。但实际上这并没有任何科学依据，八哥真可谓是史上最惨的宠物了。

和八哥悲剧的命运不同，在鸟类宠物中孔雀和鹰都是高贵的代表。古时候的孔雀属于外来品种，羽毛艳丽，天下独有，也就成了珍奇异兽中的代表。后来直至明朝，孔雀都是西南诸国或者郡县进献的贡品之一。其实，孔雀之所以在古代地位高贵，还有一个重要原因是它身上有着浓厚的宗教因素。在佛经中，白象代表降生，狮子寓意法力，而孔雀、鹤、猕猴、鹿、鸽子、山鸡、鹦鹉等动物常为菩萨化身，所以这类拥有宗教意味的动物又被称为"瑞兽"，身价自然不同。

鹰作为猛禽，常被作为力量和威武的象征，这同样导致了鹰在古代的特殊地位。不过古人所说的鹰，广泛指食肉性的猛禽，这里面包括鸢、鹞、隼等。鹰的特殊属性使其颇受帝王的喜欢。隋炀帝就是出了名的爱鹰，为了训练自己的鹰曾征集上万名的鹰师；《全唐文》说唐文宗李昂即位之后，下旨"加配诸道鹰鹞"；辽朝国君因为喜爱海东青，就逼迫当时的女真部落大量进献，结果后者直接就造反了。贵族爱鹰是因为其凶猛，民间养鹰则和养狗一样，是为了当工具捕猎，这也是"鹰犬"一词的由来。

看到这里咱们就知道，古人挑宠物无非就两个原则：一是长得好看的，如鸳鸯、鹧鸪、白鹇等，但鸵鸟这种长得不好看纯靠外国进贡的稀缺鸟除外；二是可以玩的，其中还包括能拿来赌博的动物，如鸡、鹌鹑、鹅等，这就促使这些禽类都成了古人的宠物。真正把鸟类宠物玩到精致的还数清朝的八旗子弟，如被称为"老西儿"的锡嘴雀、太平鸟、蜡嘴雀等，是用来训练打弹叼旗等游戏的；还有诸如百灵鸟、画眉、靛颏、黄鸟等，是听它们悦耳叫声的。恐怕没有人能够说清当时到底有多少种鸟儿成为八旗子弟鸟笼中的宠鸟。

三、鱼类宠物

鱼类能够成为宠物，无非两个原因：玩和观赏。南宋人张世南在《游宦纪闻》中记载三山溪中有一种小鱼，"斑纹赤黑相间，里中儿豢之角胜负为博戏"，这是关于"斗鱼"最早的记载。

实际上这鱼学名为红蓝叉尾斗鱼，俗称丁斑鱼。由于天性好斗，所以"乡人多盆畜之，以角胜负"，直到明清时期人们还专门养此鱼来搏斗赌钱。

大家最熟悉的宠物鱼，应该还属金鱼。金鱼最早是野生鲫鱼的变种，南北朝时期任昉在《述异记》中记载："晋恒冲游庐山，见湖中有赤鳞鱼。"这是我国对于金鱼最早的记载。后来随着佛教在中国的普及，佛经中有"流水长者救鱼"的故事，以至于寺庙中常常开辟有放生池，身披金鳞的金鱼就成为了放生的首选目标。《方舆胜览》有载："嘉兴府：养鱼池，在城外，即陆瑁池，唐刺史丁延赞得金鲫鱼于此。"可见早在唐朝的时候，人们就已经开始将金鱼放生到放生池中。

宋朝是我国古典园林发展的成熟期，也正是这时候人们发现把金鱼放到园林池中，两者相得益彰，于是人们饲养金鱼的热情高涨。根据《武林旧事》记载，宋高宗赵构在德寿宫中建有金鱼池，名为"泻碧"，后来王公贵人在自家园林中也争相饲养，《梦粱录》言："金鲫鱼……豪贵府第宅舍，沼池畜之。"到了明清两代，金鱼的饲养已经形成了一些有名的产地，同样也有专门饲养金鱼售卖的人，甚至还有人开始研究如何培育金鱼变种，以获得颜色更为艳丽和观赏性更强的金鱼。例如，清代康熙年间洞庭湖蒋在雒所著的《朱鱼谱》就是专门讲述红金鱼的一本图谱，是我国古代最著名的金鱼著作。

古人还喜欢饲养一些不算鱼类、单独拿出又显特别的宠物，那就是龟类和蛙类。龟由于长寿，所以在我国也算"瑞兽"之一，有吉祥长寿的寓意，所以很早的时候人们便用龟甲占卜。久而久之人们也开始把龟当作宠物饲养。洪迈的《夷坚志》中记载："吕德卿家畜一绿毛龟于盆池中，久而甚驯。每至日午以小竹杖击水面，必应声而出。"看来绿毛龟的特殊模样颇受古人喜欢。《西湖老人繁胜录》中记载了当时市场上卖的水产宠物："社火内有鱼儿活檐，上有：金龟、金蟮、金虾、金鳅、玳瑁龟、玳瑁虾、白龟、金鲹、金田螺之类。"果然古人也无法拒绝变异的小动物，特别是金色的。

这里要提一下的是，如今我们在花鸟市场上最常见的那种几块钱一个的乌龟，实际叫作巴西红耳龟，顾名思义这是一个外来物种。

关于古人玩青蛙，元人陶宗仪《南村辍耕录》中记载了一只大青蛙教八只小青蛙学念书的事，清人袁枚在《子不语》中将之称为"蛤蟆戏"，说是场上设一小木椅，大蛤蟆从表演者布袋中跃出到小木椅上，接着八只小蛤蟆从布袋里依次跌落，并环视大蛤蟆一周。随后表演者喝道："教书！"大蛤蟆便呱呱叫，八只小蛤蟆也跟着叫，如同先生教学生。表演者又突然说："止！"这"虾蟆教书"当即绝声。还有更绝的，在《聊斋志异》中说，京师街头"有人携一十二孔的木盒，每孔伏蛙，弄者用细杖敲蛙首，蛙则作鸣。或与金钱，则乱击蛙顶，如拊云锣，宫商调曲，了了可辨。"这种表演在古代叫作"弄虫蚁"，即养驯动物进行街头表演。"弄虫蚁"毕竟技术含量高，而且所选的动物无一不令人惊觉奇特，如老鼠也是"弄虫蚁"表演者的常用宠物，所以并不具备普遍性。

四、虫类宠物

相对于其他几类宠物来说，虫类宠物就简单多了，因为多数虫类都不具备陪伴价值和观赏价值，所以古人对虫宠的要求就两个：一是能斗，能赌博；另一个是有寓意。例如，大家都非常熟悉的蟋蟀，因为好斗而出名。斗蟋蟀始于唐代，兴于宋朝，南宋末年宰相贾似道，据说其科考时以"斗蟋蟀文章"中进士，后世讽刺其"小虫治国到小虫亡国"，叫其"蟋蟀宰相"。当然这事在真实历史中并没有发生，却也说明了斗蟋蟀在古代的盛行。甚至到了明清时期，连皇帝也好斗蟋蟀。例如，吕毖在《明朝小史》中说："宣宗酷好促织之戏，遣取之江南，价贵至十数金"；清朝时康熙帝也曾命令清宫内务府奉宸苑在宫中备暖室孵育蟋蟀，以助宫廷设宴室博乐。

而具备寓意的虫宠，首推应该是蟢子，因为其谐音"见蟢子必有喜乐之事"，遂让蟢子成为古代的流行虫宠。实际上蟢子就是小蜘蛛，学名蠨蛸，它万万不会想到自己居然因为名字吉祥成为人类的宠物。在《新唐书》中还记载了灵州灵武郡（今宁夏灵武）进贡的贡品中有"白蛟和青虫"，白蛟应该是得了白化病的白蛇，而青虫到底是什么虫就不得而知了，应该也是作为祥瑞之物而进贡的。

古人还有一个非常特别的"宠物"——虱子。在魏晋时期，文人士大夫为了表现自己的名士风度，一度以脏、乱、癫为流行，身上自然多虱子。他们不仅不抓掉，反而"扪虱而谈"，以显示自己的脱俗，那这虱子不就当宠物一样饲养在身上了嘛。

所以你看，我们根本没有必要担心没有手机、没有电脑、没有电动游戏的古人会寂寞，毕竟他们可以养这么多有趣的宠物，许多更是相伴一生，又何尝不是一种令人羡慕的生活情趣。

古人都有什么车

车自古以来就是人类最重要的出行方式，无论是水路还是航空，说到底都不过是陆地交通的补充罢了。所以在当代，我们可以看到各种各样的车，人们会依据用途不同和个人的喜好选择不同的车。但是说起古代的车，很多人脑海中能够浮现的估计也就只有马车了。那古代的车真的非常单一吗？答案显然是否定的，古人在开车这件事上，可厉害得很。

车到底是什么时候出现的？这是一个很难考证的事情，至少远在商代之前，人们就已经知道使用"轮子"制造车了。《淮南子·说山训》中说，古人见到中空的木头发明了船，见到飞蓬旋转发明了车，如今我们不知道飞蓬具体是什么，想必应该就是轮子了。

在先秦的时候，古人但凡出行都得乘坐马车，而不是骑马。

十六国北燕木心钉鎏金铜片马镫（现藏于辽宁省博物馆）

为什么呢？按理说骑马可比乘车速度快且方便多了，为什么只能乘坐马车呢？其实理由非常简单，那就是马镫的发明最早只能追溯到汉代。换句话说，在先秦时期，能够稳稳坐在马背上骑马的人，就好比现在的 F1 赛车手，得拥有非常高超的开车技术。要想骑马，古人必须在马背上用脚紧紧夹着马肚子，脚短了不行，力气不够不行，耐力差也不行，这种骑马方式叫作骣骑。由此导致在先秦之前，我们的战场上没有真正意义上的骑兵，人们出行也不可能牵匹马就出去，必须得乘个车。

交通工具如此单一，于是在漫长的岁月中，古人就在车上玩出了花儿来。首先，除去马以外，古人还会使用牛来拉车。牛车虽然速度慢，但是能负重耐劳，往往是拉货、驮竹书的第一选择，功能就类似现在的拖拉机。牛车拖拉机，档次肯定比马车低。例如，《汉书·游侠传·朱家》中就说："家亡余财，衣不兼采，食不重味，乘不过軥牛。"意思就是说朱家破产了没啥钱，只能乘小牛车。反倒是到了南北朝时期，坐牛车成了一种时髦。根据《南齐书·陈显达传》记载，当时南方："家即豪富，诸子与王敬则诸儿，并精牛车，丽服饰。"不过南方贵族青睐马车，是因为南方缺马，而牛比较多。

　　除了牛车以外，古人还用羊来拉车，成语"羊车望幸"，说的就是晋武帝司马炎喜欢在宫里坐羊车，车停到哪儿，他就宠

北齐陶牛车（现藏于国家博物馆）

幸哪儿的妃子，后世用此形容希望得到别人的重视或者宠爱。不过呢，羊车这玩意儿实用性不高，至今人们都没法完全驯化羊，更别说古人了，所以羊车历来多作为帝王消遣娱乐的工具。

和如今有各种各样的车一样，古人也会根据材质和用途把车分为很多种，其中比较常见的如栈车，就是木条编制的轻便车，往往连车厢都是木条搭的，到处漏风。有个成语叫作"筚路蓝缕"，指的就是驾着简陋的柴车，穿着破烂的衣服去开辟山林道路，形容创业的艰苦。这里的柴车便是栈车的俗称。通俗地说，栈车算是古代最低配版的车子，俗称丐版车。

比栈车高级一点的车叫作安车，这是一种由一匹马拉的、可以在车厢里（安）坐着的车子，故名安车。这里要插一句，上古时期人们乘车都是站在车厢里面的，《礼记·曲礼上》中说："妇人不立乘。"很明显就是男人就必须"立乘"了，即便君主出行那也得站着。古代的车子没有弹簧，还是实心木轮，最多也就用蒲草裹在轮子上来提高乘车的舒适度，所以如何能把马车驾驶得又稳又快，就成了一件非常考验司机技术的事情。甚至还有人以此专项技能改变了中国历史的进程：早在夏朝末年，黄帝后裔费昌就开始给商汤驾车了，此后家族世代便为帝王司机，其中比较出名的有给商纣驾车的蜚廉，给周穆王当司机的造父等。在造父这代，因为车技娴熟，驾车四平八稳，于是周穆王封赐造父赵城，战国七雄之一的赵国就此诞生；又几十年后，

《车马出行图》壁画，据北安平东汉壁画墓出土壁画描绘。

造父的侄孙赵非子被封于秦，之后一统天下的秦国也于此诞生。

如果说安车是中产家庭小轿车，那么古代的豪华车就是温车了，这车空间极大，人甚至可以卧在里面。那温车为什么叫作温车呢？这是因为温车不仅有帷幔，上面还有窗户，可以用窗户的开合来调节车厢内的温度。温车也叫作辒辌车，在《史记·李斯传》中，李斯在秦始皇去世之后秘而不宣，就是把秦始皇藏在辒辌车中。后人一看，连秦始皇去世之后也坐辒辌车，于是辒辌车又成了古代贵族的灵车、丧车。例如，《汉书·霍光传》中说："载光尸柩以辒辌车。"说的是霍光去世之后就用辒辌车来运遗体。

这里还有种特殊的车叫作辇车，看字就懂了，上面两个"夫"，下面一个"车"，意思就是需要人挽拉的车。不过你可不要觉得用人挽拉的车是古代最廉价的车子，实际上辇车多是古代皇帝在宫中使用的一种便车，往往装饰极其豪华，《周礼·春官·巾车》就说："辇车组挽，有翣羽盖。"所以到了后来，辇下或者辇毂下，就专门指皇帝所居之地，即京师。

除了拉人，古代也有专门的货车，叫作辎车，这车上面有个帷幔，不仅可以给货物遮风挡雨，防止倾斜掉落，同时也能睡觉。如果刚好赶上长途运货，那么辎车在古代就是必需的，人困乏了可以将就在里面睡上一觉。所以古人也会把行李箱笼叫作"辎重"。例如，《老子》："是以圣人终日行，不离辎重。"古文中常见的重车，说的也是辎车。

货在古代也分好几种，有慢的，当然也有紧急的。古代物流系统的基础就是一种叫作传车的车子。顾名思义，传车就是专门为驿站和朝廷传递紧急文件、法令、政令的车子，特点就是快，所以车子较为轻便。例如，唐朝政府就规定：驿站的快递每天至少要送出一百八十里，若是重要文件的话，就得送出三百里；如果是皇帝颁布敕令的话，则必须行五百里，毕竟是人命关天的事。所以在古代当快递小哥，可不是一份轻松的活儿。

古代除了各种车以外，坐车的位置和人数也是有讲究的，就像现在一辆行政级的轿车都坐四人，而老板一般都坐在后排右边的位子一样。古时候的车子一般坐三人，左者为尊，驾驶者居中，而右边则是陪乘的人，叫作骖乘，也叫车右。不过如果乘车的是国王级别的话，那么国王居中，武士在右边，驭车的在左边。

现代的车子发动机分四缸、六缸、八缸以及十二缸，缸数越多往往表示车子的平顺性越好，自然越贵，越豪华。古代也一样，除了只有一匹马拉的安车以外，还有两匹马拉的，叫作骈，三匹马拉的叫作骖，四匹马拉的叫作驷。先秦文献《王度记》记载："天子驾六，诸侯驾五，卿驾四，大夫三，士二，庶人一。"可见乘由多少匹马拉的车子，在古代是有讲究的。

因此，我们可千万别小看古人的车子，即便是在科技落后的年代里，古人也会依据自己的需求发明出不同的车子。

古人是如何消遣时间的

恰逢周末，不需要上班，于是百无聊赖的人也许会打开手机，来一把"王者"或者"吃鸡"；逢年过节，走亲访友，可对此并不感兴趣的人顿时又觉得无聊了起来，于是打开手机，刷一把短视频或者在网上和朋友闲聊吐槽。当代人或许很少会有感觉无聊和寂寞的时候，因为发达的互联网和智能手机可以把你的时间榨干到一秒钟都不剩。睡前看一下手机，起床后第一眼还是拿起手机逐渐成为大多数人的日常。不过在没有手机、没有报纸的年代，古人又是如何消遣和打发时间的呢？

其实答案非常简单，那就是玩游戏。例如，小学课本中的《司马光砸缸》，便是司马光和小伙伴们在后院玩耍，其中一个小伙伴不小心掉入大水缸中才引发了后面的故事。那很多人就说了，这些小孩子玩的也是捉迷藏一类的游戏，小孩子玩玩可以，你总不可能叫大人玩这么幼稚的游戏吧？所以今天我们就来聊一聊古代成年人的游戏。

第一类是竞技类游戏。

人对于力量总会有最原始的崇拜，当这种崇拜实体化之后，就会衍生出各种各样的竞技类游戏，这些游戏无一例外都是以展示人类的力量为主，"斗牛运动"就是其中最具代表性的一种。

说起斗牛，很多人第一印象应该是西班牙的国技斗牛运动。当风度翩翩的斗牛士把长矛刺满牛背的时候，他的英勇和娴熟的技巧总能博得满堂观众的喝彩。一般认为现代西班牙斗牛运动最初起源于 13 世纪西班牙国王阿方索十世的祭神活动，人们将牛屠杀以做贡品，最后衍生成骑士骑在马上和公牛进行决斗，获胜的骑士会被视为骁勇善战的代表。例如，西班牙哈布斯堡王朝的国王卡洛斯一世就曾在巴利亚多利德广场的斗牛运动中成功杀死公牛，赢得了国民的尊重。到了 1726 年，一名叫作弗朗西斯科·罗梅罗的斗牛士徒步刺杀了公牛，斗牛运动的历史由此改写，其本人也被称为现代斗牛之父。

斗牛其实是一项非常古老的运动，考古人员曾在西班牙阿尔塔米拉洞窟中发现了新石器时代的壁画，壁画上刻画了人和牛搏斗的场面。在古希腊的克里特文明中，人们也发现了克里特人会在大型祭祀中表演斗牛、杀牛的节目。

在河南南阳出土的汉代画像中，有一幅人和牛搏斗的《斗牛》图，根据东汉人应邵《风俗通义》中记载，说是战国末年蜀地岷江有江神，形似大牛，可操控江水，为此每年向村民索要童女二人当媳妇，以保沿江百姓平安。秦国太守李冰上任之后，用自己的女儿为诱饵，成功斩杀了江神，永绝后患。

从这里来看，咱们的斗牛运动最早也起源于宗教迷信活动，而杀牛往往会被认为是非常英雄的壮举。不过斗牛分两种，除了人和牛斗以外，还有牛和牛斗，这在汉代的画像中同样有体现。

斗牛虽然刺激，但很多人并不待见：一是由于场面太过于血腥——不是牛被抬下去，就是人被抬下去，人和牛在场上都成了消耗品；二是牛在古代终究是稀罕物，秦汉时期诸多保护牛的法律咱就不说了，只能说斗牛是社会上层贵族的游戏，百姓有头牛保护都来不及，怎么会拿来斗。

那有没有普通百姓玩的竞技类游戏呢？当然有，如蹴鞠和角抵。蹴鞠很多人都知道，就是古代的足球。早在春秋战国时期的齐国，当时的贵族就用毛发把动物外囊填充成一个球，叫作"鞠"，而后互相踢着玩。由于这玩意儿成本低廉，制作简单，于是逐渐从贵族阶层传到民间，成为老少皆宜的一种竞技类运动。之后人们还在蹴鞠上发展出"击鞠"，所谓击鞠更类似现在的马球。很显然这又是贵族的专属运动了。例如，唐玄宗李隆基和唐宣宗李忱在历史上都是技艺高超的击鞠能手。

角抵也是古代比较出名的大众竞技类游戏之一，类似现在的摔跤和相扑。相传逐鹿大战的时候，蚩尤部落的战士便是头戴牛角铜面具，耳鬓如剑戟，以角抵人。实际上这和斗牛的起源颇为相似，都是因为古代对于牛这种力量型牲畜的崇拜和迷信。秦汉时期统治者怕人造反，罢讲武，息兵器，这就让男人们的荷尔蒙无处释放了，于是他们"讲武之礼，以为欢乐，用相夸视"。这说明这项运动在当时非常流行，成为人们最主要的竞技类游戏之一。这也是因为角抵算是最没门槛的竞技类运动，只要四肢健全就可以。之后角抵在晋代演化出了相扑，到了南宋的时候，相扑还成为一项表演性的娱乐项目，女相扑员在门口招揽生意，男相扑员在里面表演，顺带还能赚点钱。

第二类是益智休闲类游戏。

竞技类游戏终究是那些偏力量型的人的爱好，那些细胳膊细腿平时不爱运动的人，在古代能玩什么呢？实际上，古代的益智休闲类游戏远比竞技类丰富多了。例如，四大名著之一的《红楼梦》，其中所提到过的游戏就有射圃（即射箭）、打马吊（流行于明中后期的马吊牌，又叫双陆）、猜灯谜、解连环、斗草（就是认草名比赛）、斗茶、羯鼓传花、射覆（用诗文描述来猜物品，类似你画我猜）、拇战（划拳）、筹令（抽签行酒令）、斗牌（接韵语）、雀戏（麻将的前身，一种标牌游戏）等。

不过《红楼梦》中的游戏有一个缺点，那就是不接地气，所

谓不接地气就是这些益智休闲类游戏大多需要参与者具备一定的文化水平。例如，射覆、斗牌、猜灯谜，对于很多文化程度不高的古人来说并不是非常友好。所以这些游戏大多数存在于贵族内府中。

既然如此，那有没有不怎么费脑子、又好玩的休闲游戏呢？自然是有的，如男女老少皆宜的投壶。根据《礼记·投壶》记载，投壶是一种把箭矢在一定距离外用手投进酒壶中的游戏，常常以投入多少计筹决胜负。既是酒壶，就说明了最早的时候投壶是宴会上助酒兴的酒令之一。《旧唐书》载："前代名士，良辰宴聚，或清谈赋诗投壶雅歌，以杯酌献酬，不至于乱。"这也说明了投壶游戏和宴会的相辅相成。投壶的门槛低，找个空酒瓶和几根木棒就能玩，所以久而久之便由豪门贵胄的宴会上传到最下层普通人之间。王建的《宫词》之七十七就记录了宫女们玩投壶互相比赛的故事："分朋闲坐赌樱桃，收却投壶玉腕劳。"

除了投壶以外，宋朝的时候还兴起了一种门槛更低的"推枣磨"游戏。所谓推枣磨，就是选取鲜枣三枚，尽量挑果实饱满、颗粒较大的，而后将其中一颗削去一半果肉，露出半个枣核尖，另一边再插入三根竹签，做成一个台子，即"磨台"；接着用一根细长竹条一头插上一颗枣子，然后将串着枣子的竹条如扁担一般放置在磨台上，并使之左右平衡。如此一来，只需要在枣子处使用推力，两颗枣子就可以如同磨石一样旋转起来了。

这种游戏算是真正做到了老少咸宜，毕竟找三颗鲜枣子是很容易的。难怪连乾隆也曾写诗曰："庭院秋声落枣红，拾来旋转戏儿童。"虽然乾隆的七绝总是被人吐槽，但是这两句，却童趣十足，别具一格。

第三类是博彩游戏。

如果说游戏里面哪一类最刺激，毫无疑问就是博彩游戏。博彩游戏固然需要一定的技巧，但其巨大的不确定性让这类游戏充满了特别的魅力。人们在这种游戏里加上赌注，便成为了博彩游戏。在中国历史上，就有个大名鼎鼎的女赌神——南宋著名女词人李清照。

李清照有多爱博彩游戏呢？单单是打马游戏，她就写了三篇文章，分别是《打马图经序》《打马赋》《打马图经命词》。按她自己的说法，对于博彩游戏她的态度是"予性喜博，凡所谓博者皆耽之，昼夜每忘寝食。但平生随多寡未尝不进者何？精而已。"为了博彩都玩到废寝忘食的地步，还自诩因为精通赌博，这辈子就没有失败过。

李清照不仅自己喜欢玩，还对当时市面上的博彩游戏进行了点评，这对我们了解古人的博彩游戏种类提供了参考。例如她说，长行、叶子、博塞、弹棋，没怎么传下来；打揭、大小、猪窝、族鬼、胡画、数仓、赌快等，太粗鄙了，玩的人不多；藏酒、摴蒲、双蹙融，南宋之后渐渐少见了；选仙、加减、插关火，玩法简单，全靠运气，根本不需要脑子；大小象戏、弈棋，可惜只能两个人玩；采选、打马，适合女孩子在闺房中玩，很文雅。采选，非常复杂，能够玩得通的人不多；打马简单，最喜欢。最后她还说："使千万世后，知命辞打马，始自易安居士也。"易安居士是李清照的号，这算是自封为打马祖师了。

在这里，李清照一共列了二十余种博彩游戏，有些游戏甚至早已遗失在历史长河中。除此以外，古代比较著名的博彩游戏还有斗蟋蟀、斗鹌鹑、关扑（抽奖转盘、彩票刮刮乐）、六博（投掷类棋牌游戏，类似丢骰子）、藏勾（猜东西藏在哪只手中）等。

不得不感叹古人博彩游戏种类的丰富多彩，这些不比当下那些打牌或者打麻将的博彩游戏有趣多了吗？从这点来说，我们当代人还真是越玩越单一，越玩越落后了。

所以啊，根本没有必要担心古人没有手机会无聊。或许古人还觉得我们天天捧着个手机，才十分无聊呢。

古代女性怎样解决"大姨妈"

在第一次世界大战时，棉花作为战场医疗物资，其缺口随着战争的扩大而同步扩大，为此德国人只好把人造丝厂研制出不久的长纤维切成像羊毛和棉花一样的短纤维来纺织棉花，无奈效果极差。1912年，法国人吉拉尔受这种棉毛代替品的启发，从而发明了物美价廉、制作简单又可以供大批量生产的新型短纤维，即我们通俗所说的"人造棉"。

人造棉的出现，不仅是当时战场伤员的福音，同时也启发了天天和血打交道的护士。她们用绷带和人造棉制造了世界上最早的"抛弃式卫生巾"来解决女性月经来潮时的窘迫，就此真正意义上的现代卫生巾在战场上诞生了。抛弃式卫生巾不论是从卫生角度还是方便角度来说，对全世界女性的贡献都是一场无可替代的革命。

不过很显然，抛弃式卫生巾能够出现的前提就是廉价的人造棉被发明，那么在这之前的古代女性，又是如何解决"大姨妈"的呢？

在公元前1550年的古埃及，考古学家已经发现当时的女性会把纸莎草烧成草木灰装在小布条中，利用草木灰的吸水性充当"卫生巾"。不过值得注意的是，这在当时或许属于奢侈品之一，更为贫穷的或者原始的古人只能借用动物羽毛、毛皮，甚至是树叶、干树皮等来解决"大姨妈"问题。

而根据部分野史传闻，古希腊著名女数学家希帕提亚因追求者众多，无奈之下只得将染有月经血的布条掷在追求者面前，以示拒绝。不论这个传说是否真实，使用当时相对来说较为昂贵的布条用来保证自己月经期间的清洁，应该是古代中外权贵阶层的不二选择，毕竟希帕提亚的父亲赛翁是亚历山大城中非常著名的学者，也是古希腊有名的数学家和天文学家。

在古代中国，妇女也会将草木灰或者破布絮、丝麻等吸水性较佳的材料装入小布条中，两头用细绳系在腰间充当"卫生巾"。等到造纸术发明之后，较为富裕的权贵阶层曾尝试用草纸代替草木灰作为"卫生巾"的填充物，更有甚者还会用干净的祭祀白纸作为代替，不过由于纸张的昂贵，这种相对来说更为清洁卫生的"卫生巾"并不具有普及性。

前面我们已经论述古人为了方便大小解，在传统汉服里面是从来不穿连裆裤的，大家都穿着开裆裤，所以有些时候古代女性也会任由经血横流。唐人王建在《宫词一百首》中就写道："密奏君王知入月，唤人相伴洗裙裾。"说的是妃子们月经来潮的时候需要密奏君王无法陪侍，然后相约其余妃子一起洗被经血染红的裙裾。可见即使是在当时的皇宫大内，经血染红裙裾也是一件非常普遍的事情。

在中国传统文化中经血往往被视为不洁和不祥之物。例如，《汉律》中就说"见姅变不得侍祠"，这里面的"姅"就是月经，《说文》对"姅"字的释义是"妇人污也"，也就是说女性来了月经是不得祭祀的。甚至连李时珍编撰的鼎鼎大名的《本草纲目》中也说："女子入月，恶液腥秽，故君子远之，为其不洁，能损阳生病也。"毕竟以古人的知识体系来说，他们从未见过有人可以一直流血而不死，男人没有，小孩没有，唯独妇女有，这种生理上的未知逐渐形成了对月经的恐惧，认为人们碰上它就会带来不祥，并为之设置种种禁忌。时至今日，女性在月经期间也会被告知不得进入清真寺。正是因为古人对月经的恐惧，古代女性在月经期间一般都只待在自己的屋里，再加上古人从不穿内裤，那么使用"卫生巾"确实在某些情况下来说算是多此一举了。

除此以外，古代妇女相对于现代女性更不受月经困扰的因素还有短命以及月经不调。当古代妇女初潮之后，她们随即就面临着结婚和生子，妊娠会令她们停经。由于没有科学且良好的避孕措施，古代妇女可能在哺乳期还没结束的时候，就会继续怀孕，于是又陷入了停经的阶段。古代妇女要比当代女性脂肪含量低，营养也更差，甚至对于农村妇女来说，她所承担的各种劳作也是当代妇女所不可比拟的。这些意味着她不仅整个哺乳期都可能停经，更是会提前进入绝经期。而且不要忘了，古代的哺乳期可比当代长得更多，毕竟除了喝母乳，小孩也没其他太多的东西可以吃。

事实证明也确实如此，举个例子，清朝生皇子最多的妃子是清圣祖康熙的妃嫔马佳氏，即荣妃。她从康熙六年（1667 年）起生，最后生到康熙十六年（1677 年），十年间一共生了六个孩子，而此时康熙也就年仅 23 岁，之后荣妃再无子嗣，有一种可能是因为年纪不到 30 岁的荣妃已经绝经了，而荣妃一直活到了雍正五年（1727 年）。不愁吃喝，不需要劳作的皇室女性绝经时都如此年轻，更别说普通人家的妇女了。通俗地说，古代妇女的月经在整个人生中时间占比并不会很大，更不可能像当代女性一样有三十多年时间。

虽说时间不长，但也不是没有，只是有钱人不事生产会被人称为"大家闺秀"，但是穷人或者奴婢、用人等可没这种特殊的节假日，她们一年三百六十五天都必须为雇主创造价值，这些人往往会把旧的裤子剪成短裤穿在里面，外面再套上连裆裤，一来方便干活，二来可以遮挡月经的血迹。

无独有偶，中世纪时期的欧洲女性也会尽量选择红色作为自己服装最主要的颜色，目的就是为了掩盖月经时血迹沾染裙裾产生的红色。同时，她们也会使用废织物或者抹布制作成护垫，抑或是里面塞入吸水性良好的棉花，同时为了更好地固定住护垫，即便中世纪欧洲和古代中国一样不穿内裤，她们也会特意剪裁出一条连裆裤，在月经期间穿在里面。更为有意思的是，中世纪的英格兰，当地妇女从沼泽中发现了一种青苔，将它们晒干后塞入布条居然有出奇的吸血效果，于是这种青苔不仅被拿来做"卫生巾"，还被用来给战士的伤口止血等，由此被俗称为"血苔"。

当欧洲的女性开始使用棉花做护垫的时候，几乎在同一时间，也就是宋末元初的时候，由印度传进来的棉花开始在长江中下游和渭水流域大量种植，这种早年仅是权贵阶层才能接触到的舶来物种终于被百姓所应用了，这其中自然就包括鼎鼎大名的月事带。月事带也叫作月事布或者月经带，目前国内最早的月事带出土于一名叫作黄晟的南宋贵妇墓中，这位贵妇的月事带由丝绸布料缝制而成，两边有带子可以系在腰间。等到棉花开始在中国普及之后，内塞有棉花的月事带就成为古代女性解决月经问题的最好拍档。

颇为有意思的是，因为古代很多医书会把阴道称为"马眼"，所以明清时期也用"骑马布"或者"陈妈妈"来代称月事带，由此避免尴尬和月经恐惧，现在的"大姨妈"一词也正源于此。而月事带也从此一直作为中国妇女的贴身宝贝，直到抛弃式卫生巾传入中国。1928年，《常识》杂志第六十六期上刊登过一篇《女子月经布之研究》，在文中作者大力呼吁女子使用各西药房均有出售的"上等经布"，这种经布可洗亦可直接丢弃，视个人经济情况而定，被描述为"实为经布中最佳者"。

以当时国民的文化水平来说，不知道有多少女性看过这篇文章，并敢为之大胆尝试，极有可能少到可怜。但无论如何，就此一场月经革命，已经悄然地席卷了整个世界。

古人如何避孕

　　避孕，一个和生育相对又相生的话题。人类到底什么时候开始避孕，这是早已经淹没在历史尘埃中无法回答的问题。但是正如我们会因为各种原因而采取避孕措施一样，古人也会因为各种各样的原因希望单纯享受两个人的欢愉，又不需要担心新生命的降临。在《山海经》中就记载了汉水河畔、嶓冢山上有一种草叫作蓇蓉，"食之使人无子"。可见早在战国秦汉时期，古人就对避孕有了需求。

　　不过，在缺乏科学验证的年代里，古人的避孕措施在现代人看来，似乎有点稀奇古怪。公元前 1850 年的古埃及鳄鱼粪避孕法是目前人类所知最早的避孕方法。在这张古代的草砂纸上，记载着当时的古埃及人会把鳄鱼粪和一种糊状的东西混合在一起，做成棉条状的东西放置于女性下体，以此来达到避孕的目的。但究竟效果如何，就不得而知了。无独有偶的是，在古印度也有用大象粪便来避孕的记载，古代中东地区同样有采用动物粪便作为避孕措施的典故。他们这么做，很大概率是缘于动物崇拜。

到了公元前400年左右，古希腊人和古罗马人开始用串叶松香草来避孕。由于出产串叶松香草而赚得盆满钵满，一度成为地中海地区最为富有城邦的昔兰尼，更是把其刻在自己的硬币上当作国宝来展示。而我们之所以会用心形来表示情感和爱，据悉便是因为串叶松香草的种子是心状。除此以外，当时的古罗马医疗书籍记载石榴子也会被作为避孕药。而古希腊哲学家亚里士多德则记载了一种更为复杂的避孕方法，他说当时的女性会往子宫里涂上混合着橄榄油、雪松和乳香的油膏，由此阻止精子进入子宫，并且经过验证之后对其效果大加赞赏。这让橄榄油在地中海地区的地位进一步提高，逐渐成为人们烹饪、医疗、美容、计生等方面不可或缺的用品。

不过，千万不要以为随着时代的进步和科技的发展，人们的避孕措施会越来越靠谱，实际上在17世纪近代医学起源之前，古人的避孕方法绝大多数还是神学和传统经验医学并行的。例如，15世纪的欧洲女性会把骡子耳屎、黄鼠狼睾丸、黑猫骨头装袋做成护身符，房事时系在腿上，据说就可以避孕；还有人把莴苣叶放在男人的枕头里面，并祈祷念诵，认为有种力量会让男性不育。这种神学避孕法自然是没有一点依据的，倒是传统医学避孕法起到部分作用。如用蜜糖、骡子耳屎、酸乳、柠檬等，包括上文提及的动物粪便作为女性下体的栓剂，这些物品中的酸性会影响女性下体的 pH 值，令精子游动不力，从而达到成功概率很小的避孕目的。据说欧洲最出名的大情圣贾科莫·卡萨诺瓦，之所以可以毫无顾忌地游走在无数情人中，使用的便是柠檬避孕法。

古代欧洲人还曾服用欧芹籽粉、柳树水等来避孕，现代科学家用老鼠实验之后，发现这些东西会抑制女性产生黄体酮，使得受精难，从而达到避孕效果。同理的还有中医中最著名的避孕药——麝香。某人伪托汉人伶玄所作《飞燕外传》中称，汉成帝宠妾赵飞燕和赵合德便使用麝香避孕，以致十年无子，而我国古代妇女使用的避孕神药"凉药"中，主要成分就是麝香，其中麝香酮有抗早孕和抗着床的作用。

由此可见，不论是酸性避孕还是影响激素（黄体酮）避孕，都是古人在日常生活中根据经验所摸索出来的避孕办法。虽然这些方法效率极低，且对女性身体伤害很大，可相对于挂护身符一类的，已经算是较为先进了。

古代女性地位低下，避孕往往并不会照顾女性的感受，只要达到效果就行，所以堕胎也会被认为是避孕的一种方式。中世纪女性就会喝薄荷茶来流产，这是因为薄荷茶中的除蚤薄荷可以导致子宫收缩。随后欧洲人发现蕨类植物的根弄成汁之后基本都有类似的效果，即便这些东西有毒，会损害女性肝脏和肺，但是为了避孕，还是有无数人高价购买。

这种伤害身体的避孕法，由于效果往往比传统经验医学避孕的效果更好，所以在古代备受人们的欢迎。早在古希腊时期，人们就使用打铁水用来避孕，打铁水中的铅会引发流产；而我国古代妇女也会喝水银、砒霜、马钱子等来避孕。毫无疑问，这些东西都是含毒物质，不仅会导致胎儿流产，对女性身体也会造成不可逆的伤害，以致许多妇女终身不育。

乾隆年间的《本草纲目拾遗》中说："将苦丁与十大功劳和匀同炒，焙成茶卖到尼姑庵，再转售富家妇女，服之，终身不孕，为断产第一妙药。"从中可以看出，即便会造成女性终身不孕，但只要效果好，依旧可以作为第一妙药。除了苦丁以外，还有民国期间盛行的柿子蒂也可以导致女性终身不孕。人们觉得这些东西避孕效果好，进而大面积推广，最终演变为一环又一环的悲剧。写下《项脊轩志》的归有光在记录他母亲的时候就说，由于没有妥善的避孕措施，归母婚后年年生育，自言"为多子苦"，后来有老妪给一秘方，喝完之后归母确实不再生育了，可惜很快就成了哑巴，并在一年多后去世，年仅 25 岁，着实令人心生怜悯。

这种悲剧有时候不仅仅是针对女性的，男性也会成为受害者。我国古代南方产棉区一直有男性喝棉籽油避孕的习惯。经过现代医学的检测，棉籽油中的棉酚确实可以抑制男性精子活性，可长期使用棉酚，会直接导致男性终身不育。

当然，在我国古代，避孕药物也不仅仅是以上几种，较为出名的还有蚕故纸——将蚕故纸烧成灰，用酒服用，可终身不孕。但是蚕故纸到底为何物已然不知，一说是春天卵化幼蚕的空壳纸，一说是镶满麻点状蚕蛋的皮棉纸。《本草纲目》载："零陵香，酒服二钱，尽一两，绝孕。"除此以外，古代中医中还有针灸避孕。例如，《千金翼方》有："妇人欲断产，灸踝上一寸三壮，即断。"还有禁忌日避孕的，南宋人周守忠在《养生类纂》中就说哪几天交会会怀孕，哪几天不会。可古人根本没有掌握女性排卵时期表，所以这种禁忌日避孕毫无科学可言。

我们常常在清宫剧中看到妃子侍寝之后，如若不留龙种，有太监会按妃子后股穴道驱走"小蝌蚪"，达到避孕效果。但实际上这种"按摩避孕"是记载在《清朝野史大观·清宫遗闻》中的。这本书处处野史，几无可信之处，所以按摩避孕这事就是仁者见仁、智者见智的事情了。

说了这么多古代的避孕方法，最后我们说一下相对来讲最科学、最无害的避孕方法——避孕套避孕法。在古埃及和古罗马的绘画上，我们能看到古人会用动物膀胱或者鱼鳔来制作最早的避孕套。不过我们现代的避孕套，并不是因为避孕而被发明的，而是为了防止性病。

15世纪大航海时代被开启，哥伦布虽然完成了环行世界的壮举并发现了新大陆，可他的水手也将梅毒等性病从美洲大陆带到了西班牙，并在整个欧洲蔓延开来。这场灾难使得欧洲人谈性色变，贝多芬、舒伯特、舒曼、叔本华、莫泊桑、伦勃朗、福楼拜、马奈等巨匠皆受害于梅毒，为此人们开始使用避孕套来防止性病的传播。16世纪意大利解剖学家布里瓦·法罗皮奥就记载了一种用亚麻布制作的避孕套，并声称经过1000人的实验，该避孕套可以成功阻止梅毒的传播，这也是迄今为止发现的最早关于避孕套的记载。

随后到了17世纪末，英国医生约瑟夫·康德姆用小羊的盲肠发明了效果更好、体验也更好的近代避孕套。人们为了纪念他，将避孕套用其姓命名，即Condom。有意思的是，当时的日本人模仿约瑟夫·康德姆用皮革或者龟壳和兽角制作了一软一硬两种避孕套，可惜的是这种脑洞大开的体验并不好，不久之后便淡出了历史。直到19世纪随着乳胶进入工业化，荷兰物理学家阿莱特·雅各布第一次制作出了乳胶避孕套，传入中国之后，被老百姓亲切地称为"荷兰小帽"。

正是由于避孕套不仅可以避孕，还具有预防性病传染的功能，且不会对任何一方造成生理伤害，遂成了如今人们最为普遍的避孕方式。

古人冬天是如何取暖的

在当代，取暖似乎是一件非常容易的事情，北方有暖气，南方有空调，再不济还有暖宝宝、电热毯、取暖器以及各种科技产品。但如果时光倒退回电气化时代之前，我们的古人除了穿厚点再厚点，实在不行就架个小火炉、壁炉以外，好像并没有其他的御寒措施。更何况古代房子的御寒程度本身就比不了现在的房子，那古人在冬天抗寒岂不完全靠抖？

如果你真的是这么想，那就大错特错了。寒冷的冬天是所有人都不得不面对的残酷现实，一代诗圣杜甫尚能喊出"大庇天下寒士俱欢颜"，那我们的古人自然也能在抗寒这件事上玩出花儿来，所以我们就来看看古代都有哪些取暖之物。

说到取暖，首先我们要知道作为最普通的御寒圣物"棉衣"的原材料棉花，直到宋朝才在中国大面积种植和使用。也就是说，宋代之前古人所穿的是御寒能力极差的麻衣，即"布衣"，那可是待在屋里都能感受到刺骨寒意的装备。也正是因此，廉价又便捷的炭火就成了最普及的御寒物品。而怎么更好地使用炭火，利用火源取暖，也成了古人取暖最主要的思路。

例如，我国考古学家们就在半坡遗址发现了古人有用火塘（挖个坑，丢点炭，简单方便又快捷）取暖的遗迹。到了先秦时期，随着青铜冶炼技术的发展，便有了使用青铜器具装炭火取暖的记录，叫作燎炉。宋代大诗人苏轼有文章《龙川别志》就说："雄州谍者常告，虏中要官闲遣人至京师造茶笼燎炉。"

关于取暖玩得最溜的还属古罗马人。根据记载，早在公元前500年左右，塞浦路斯的地中海岛屿沃尤尼古罗马宫廷中，就已经有了集中供暖系统。他们在建筑物周围建造了一个巨大的火炉，然后通过密集的网状隧道连接到宫廷中，这样宫廷就成为一个巨大的暖炉，和现在的供暖系统已经是异曲同工了。而几乎在同时期，或者更早的时候，古希腊人和古罗马人还发明了壁炉的雏形。

当然，我们的老祖宗也没有落后多少。考古学家分别在秦朝的咸阳宫遗址和秦兴乐宫遗址中发现了壁炉和火墙的做法。前者是在室内直接烧炭取暖，然后将浓烟排出室外；后者则是用两块筒瓦相扣做成管道包在墙的内侧，一头则和灶台连接，自然就有源源不断的暖气通过筒瓦传到室内。只是这种做法很容易造成一氧化碳、二氧化碳中毒。

不管是燎炉、壁炉还是火墙，那都是贵族才能享用的，普通人家除了将窗户纸糊得更牢一点，并没有太好的办法抵御寒冬。

火墙在那个年代自然已经算高端了，但是和历史上大名鼎鼎的椒房比起来，不管是在技术上还是奢侈程度上，都未免小巫见大巫。李善引在其著作《三辅黄图》中写道："椒房殿，在未央宫，以椒和泥涂，取其温而芬芳也。"《西京杂记》也说："温室殿以花椒和泥涂壁，壁面披挂锦绣，以香桂为主，设火齐云母屏风，有鸿羽帐，地上铺着西域毛毯。"椒房殿乃是汉代皇后的专属居所，而未央宫温室殿是公卿朝臣议政的重要殿所。其室内在冬季不仅温暖如春，更是气息芬芳，富贵豪华，也就只有皇亲贵胄才能消费得起，虽然它并不具备普及性，但基本算是古人取暖的巅峰了。

时间走入中古时代，欧洲的壁炉开始发展，工匠们往往在建造房子的时候就会把壁炉一并砌进去。但是壁炉依旧还是顶级大贵族的专属取暖设备，于是小领主们则发明了另外一项"颇有味道"的取暖设备。他们会建造一个层高比较高且拥有两层设计的石屋，底下圈养牛羊，上面则铺上干稻草作为床。这是直接拿牛羊做取暖设备，只是味道肯定也不会好。不过一想中世纪欧洲人连大便都拉在屋里，丢在街道上，那也就没啥了。

而我国的唐朝居民，则在那个时代拥有了铜制的手炉，各种制作精美的手炉出现在贵族家中，里面装有火炭，或是直接揣在宽大的袖子里，或是做得更大一点放在脚下。唐代大诗人白居易的《问刘十九》就描绘了这种有钱人的生活："绿蚁新醅酒，红泥小火炉。晚来天欲雪，能饮一杯无。"同时，唐朝还开始流行一种叫作熏笼的取暖设备——在一个铜制炭炉上架设一个半球形的竹架子，这样人就可以直接靠在竹架子上取暖了。

此外，还有更奢侈的暖足瓶，俗称汤婆子或者脚婆。在一个铜制扁瓶里灌上热水，晚上放到被窝里，不就是一个暖宝宝吗？黄庭坚在《戏咏暖足瓶》写道："小姬暖足卧，或能起心兵。千金买脚婆，夜夜睡天明。""夜夜睡天明"的代价是"千金"，这暖宝宝可真的不是一般奢侈。

到了宋元明清时期，手炉开始变得越来越小巧美丽，甚至还有在其中放上香薰和药材的；而传统的火墙则改用了青石板做通道，更利于传导热量，也减少了屋内一氧化碳中毒的概率。而有了手炉，自然便衍生出了熏炉和足炉。顾名思义，足炉是用来暖脚的。而熏炉则是古代的香薰机，既怡情又御寒，可谓一举两得，难怪南宋文学家谢惠连会在《雪赋》中写下"燎熏炉兮炳明烛，酌桂酒兮扬清曲"之句。

根据清代《宫女谈往录》中的记载，慈禧太后所居住的宫殿都有地下室，等到冬天的时候，太监们就会把一车车烧好的炭

博山炉，仙山造型的熏炉，具有室内熏香、熏衣、取暖等功能。

推进去供居住在上面的人取暖，这简直是把整座房子当作"炕"来使用。与此异曲同工的还有清代李渔所发明的暖椅，暖椅比太师椅稍微宽一点，可坐可卧。暖椅前面是一张巨大的案桌，在底下设有一个铜铁制格子，冬天的时候往里塞上炭火，桌子自然就变成了暖和的取暖设备。

从这里我们可见，正如开头所言，在电气化时代之前古人取暖的大多数设备都是围绕"炭火"来做文章的，撑过冬季极寒的两三个月是没问题了，不过这也仅限于富贵人家。毕竟不可能人人都像杨贵妃的族兄杨国忠一样把炭屑用蜜捏成双凤的形状再拿来烧，也不会有岐王李隆范的资本搞一出"香肌暖手"。

或许很多人会觉得古代林木资源那么丰富，百姓怎么会没有炭火取暖呢？这实际上是一个非常大的误区，不管是从西方的记载还是我国的记载来看，别说普通百姓，就是一般的小财主都没有奢侈到用炭火来取暖的。例如，中世纪小领土家中，虽然也有火炕，但是并没有取暖的管道，这说明小领土也烧不起炭来取暖，不然也不会用睡在牛羊圈上面的方式来取暖了。

唐宋时期算是中国百姓最富裕的时代了，但是根据唐武宗朝来中国求经的留学僧圆仁描述，当时山东一带普通百姓"不曾煮羹吃，长年惟吃冷菜"，哪怕是重要客人登门，也只是"上冷菜"。难怪白居易的《卖炭翁》中有"卖炭得钱何所营？身上衣裳口中食"，除了说明卖炭翁的艰辛，同时也说明了当时能够消费起炭的百姓并不多。在《东京梦华录》和《梦粱录》等描述两宋繁华的笔记中，里面的美食可谓五花八门，着实丰富，但是其中绝大多数都是冷饮，鲜有热菜，也可见当时百姓还是非常珍惜炭火的。

这也是为什么在古代"茶铺"会成为热门生意的原因，实际上卖的并不是茶叶，贵的也不是茶叶，而是烧热水的炭火木材。

古人如何理发和剃胡子

一说起古人的头发和胡须，在绝大多数人的印象中，由于"身体发肤，受之父母"的流传，会错误地认为古人是从来不理发和不剪胡子的，这个想法显然是错误的。古人即便再如何重视头发和胡须，也不可能一辈子都不理发和修剪胡须，他们也是会定期护理的。例如，《诗经》中就有："予发曲局，薄言归沐。"意思是说，当头发卷散蓬乱之时，快去把它梳洗整理一番。而目前我国考古出土最早的剪刀是来自陕西宝鸡的西汉交股式铁剪，它的出现也证明当时的古人是修剪头发和胡须的。

当然，古人要远比当代的我们更重视自己的头发和胡须，这其中不仅仅是将"多须髯"视为美的标准，在秦朝的时候更是把剃去犯人鬓毛当作刑罚的一种，称为"耐刑"。《汉书·高帝纪》就说："（古者犯罪）轻罪不至于髡……故曰'耐'……发肤之意也。"那古人为何如此重视自己的头发和胡须呢，我们除了要了解古人的这个习惯以外，也简单来聊一聊它背后的成因和故事。

当我们观察自然界动物的时候，会发现一个特点，那就是一般情况下雄性动物要比同类雌性动物拥有更为旺盛的毛，从外观上而言也更为威严雄壮，直接点来说就是雄性更好看，如雄狮和雌狮之间，雄孔雀和雌孔雀之间。再加上头发、胡须和指甲一样，是人类身体上仅有拥有再生能力的东西，这对于科学认知处于贫瘠状态下的古人来说，头发、胡须不仅是神秘的，更拥有着特殊的力量，由此产生了头发和胡须崇拜。

例如，在《金瓶梅》第十二回中，西门庆和潘金莲云雨之后便向其索要一段头发，认为这可以系住两人之间的感情，结果毫无意外被后者给拒绝了；而在古代巫术之中，也认为头发拥有连接当事人肉体和魂魄的能力。甚至当国家面临重大灾难的时候，君主也会剪发、断爪祭天，如商汤就曾因天下五年大旱，从而"剪其发，磨其爪，以身为牺牲，用祈福于上帝"。更何况，头发在古代本身就是一味中药，药名叫作血余炭。中医认为"发，为身体血余"，所以头发可以治疗吐血、咳血、尿血，甚至例假、崩血等一切大出血症状。最典型的例子莫过于在《五运历年记》中，古人认为世间的草木皆为盘古毛发所化。

以上的案例当然都是无稽之谈，但也足以说明头发和胡须在古代不仅仅是因为《孝经·开宗明义章》中说的"身体发肤，受之父母，不敢毁伤，孝之始也"才对身体毛发如此看重，而是因为其本身所蕴含的神秘色彩和由此衍生的毛发崇拜，或者说这两者的次序应该调换一下，正是因为古人对毛发的崇拜和其神秘性，儒家才会在《孝经》里面赋予毛发"忠孝"的含义。

我们知道很多时候一种物品的定义和定位会影响个人的审美。例如，你会觉得即便是款式很老的奢侈品，也会比某些毫无知名度却极具设计感的物品更美。这当然不是个人的审美出了问题，而是奢侈品在潜移默化中早就改变了你的审美观念。头发和胡须自然也是，按照我们现代人的标准，一个满脸胡子、留有长发的人就远没有面洁清爽、短发干练的人更好看。但是古人在毛发崇拜的影响下，审美和信奉无神论的我们恰恰相反。例如，古人描述霍光外观的时候就说他"白皙，疏眉目，美须髯"；柳崇方"美须明目"；何敬容"白皙美须眉"。

这里要注意的是，不论是"美须髯"，还是"美须眉"，可不是说你头发、眉毛、胡须越长越好，满脸胡子、头发蓬糟糟的可是会被嫌弃的。例如，《大唐新语》中就记载了一个颇有意思的故事：唐玄宗初年，邵景、萧嵩和韦坚三个人一同担任殿中升殿行事，但是邵景、萧嵩受到赏识，赐朝散大夫的称呼。韦坚不服气，就取笑他们两个说："一双胡子着绯袍，一个髯多一鼻高。相对厅前搽早立，自言身品世间毛。"搞得满朝欢笑。这是因为在古人的刻板印象中，只有胡人才有满脸的络腮胡子，而汉人的胡须就相对整洁有序，再加上胡人相对中原文化也更为薄弱，所以中原汉人在审美上并不是胡子越多越喜欢。

我国著名历史文物研究者沈从文曾写过一篇叫作《从文物来谈谈古人的胡子问题》的文章，他参考了大量古代雕塑和绘画人物形象的实例之后，得出结论：至少宋明之前的中国古人并不崇尚多发多胡须的形象特征，而从两汉、魏晋时期的玉雕、石刻、泥塑等人物像出发，发现其中贵族、官员、士大夫等地位较高的人物胡须并不多，或是蓄三缕稀疏的长须，或是两撇小胡子。反而是仆役、门卫、车夫、乐工等地位较低的人物才满脸浓密的大胡子。所以从这里看，古人也并不是从来不理发和剃胡子的，只是说他们会把胡子和头发修剪到一定的程度，或者说弄成一个时下流行发型、须型。而处于底层的百姓，自然是没有那个条件和精力去修剪胡须和头发，以至于呈现出满脸浓密的胡须形象，自然也谈不上什么美感。

这种现象在汉代也有表现。汉武帝时期的汉朝选官制度叫作察举制度，人家可没有笔试，而是以吏能、品德为主。在没有科举制度的时代，这自然无可厚非，但是其中却有一颇为不公平的条例，《汉旧仪》上说："谒者有缺，选郎中美须眉大音者补。"此外附加条件是"仪容端正，威容严恪"；在汉乐府民歌《陌上桑》中，罗敷夸耀自己的丈夫也是"为人洁白皙，鬑鬑颇有须"，这里说的"仪容端正""鬑鬑有须"绝对不是说一个人从来不修剪胡子，满脸络腮，而是拥有整洁干净、稀疏有序的胡子，要保持这样的造型，平时修剪胡须和头发是必须的了。当然，如此设置还有一个原因正是我们前文所提到的，底层的百姓自然没有多少可能去打理自己的胡须头发，于是这种察举制度所选任的官员，基本上也被士族阶层所垄断了。

除此以外，因年老而生白须、白发也会被视为不祥，《汉书·王莽传》就载："欲外视自安，乃染其须发。"这里说的是王莽晚年头发花白，他把头发染回了黑色。

古人的这些举动自然是有原因的，究其根本还是我们前文所说的发须崇拜。古人把身体毛发视为血气之一，认为毛发旺盛者会具有更高的品德、更强的阳气，而良好的品德显然是优于才能的。三国时期思想家刘劭的《人物志》就说："盖人物志本，出乎情性……凡有血气者，莫不含元一以为质，禀阴阳以立性，体五行而著形。"他认为通过观察人的神色、精气、筋脉、骨骼、气色、情感、仪表、容貌和言语九个方面的特征，就可以从本质上了解一个人的品行好坏。胡须和头发自然就成为其中的重中之重，再加上我国古代"君权神授"的思想，这让胡须和头发开始和权力挂上钩。如汉高帝刘邦的外貌特征是"人隆准而龙颜，美须髯"；周武帝宇文邕"方颡广额，美须髯，发长委地，垂手过膝"。

这里颇为有意思的是，这些帝王容貌虽载于正史，但绝不是帝王真正的样貌，如"人隆准而龙颜""垂手过膝"这种，压根就是相书中认为帝王应该具备的样貌，这也说明了胡须和头发在古代所被看中的原因，最终还是归为玄学崇拜。即便如此，它们在我国历史中也并不是没有受到挑战，头发和胡须的第一个敌人就是魏晋南北朝时期快速发展的佛教。佛教认为人的身体是由"情欲"感应而结成的，所以头发和胡须等物品就成为了人们私身恋生、产生善恶行为、埋下报应种子的罪魁祸首，于是出家人需要剃光头，剪胡须。这在当时就遭到了许多儒士的反对，除了佛教的发展必定抢夺儒教的资源以外，更为重要的是剃发制度是对儒家伦理中强调发须代表"忠孝"的破坏，所以当时儒士批评佛教的危害主要就是"三破"，一是破国，二是破家，三是破身，所谓破身自然就是指削发剃面了。

佛教削发剃面的制度甚至还对当时百姓产生了一定的影响。南朝梁的开国君主梁武帝萧衍可谓是中国历史上最信佛的君主，他一生曾四度入佛。在当时梁朝国都建康城中，佛寺多达 500 多座，僧人 10 万有余，是为南北朝时期我国佛教发展的巅峰。在这种影响之下，当时的梁人效仿出家人，也纷纷剪掉胡须，北齐人颜之推的《颜氏家训·勉学》就说："梁朝全盛之时，贵族子弟，多无学术……无不熏衣剃面，傅粉施朱。"可见当时佛教对人们行为和观念的影响。当然，这种情况的存在是非常短暂的，等到隋文帝杨坚再次一统天下，儒学继续成为统治思想的时候，蓄发留须的观念就又回来了。

　　"理发"一词首次在历史中出现，应该是朱熹在注释《诗经·周颂·良耜》中"其比如栉"一句时说明："栉，理发器也。"不过这里的理发可不是我们现代汉语中剃头发的意思，而是梳理头发，整句话的意思是："像理头发的梳子一样排列整齐。"所以"栉工"并不是给人剃头发的理发师，而是给人整理头发的束发师。例如，明人黄玮的《蓬轩吴记》中有："栉工杨某，晨诣学为髻生束发。"这里我们并不知道栉工在束发时会不会替人修剪多余的毛发，但可以确定的是，宋朝出现的叫"镊工"的技工，是会替人修剪毛发的。例如，宋人洪迈的《夷坚志乙》卷十二《成都镊工》："政和初，成都有镊工，出行尘间，妻独居，一髯髻道人来求摘须毛，先与钱二百。"宋人周密的《武林旧事·社会》也记载当时的临安（杭州）有"净发（梳剃）社"。或许这些都说明了自宋朝以后，社会上已经有了替人修剪头发和胡须的商业行为。

　　前面我们说过，头发和胡须的第一个敌人是佛教，而第二个敌人就是女真入关统治的清朝。清朝统治者为了保证自己统治的威信和稳固，向神州大地强行下达了剃发易服的规定。实际上这是一个颇为精明的策略，正如下达"削发令"的多尔衮所言："予一向怜爱群臣，听其自便，不愿剃头者不强；今既纷纷如此说，便该传旨，叫官民尽皆剃头。"前面半句显然是惺惺作态，后面半句才是真正的原因，意思就是：与其等着不服从的人一个个造反，不如我把你们一块都逼出来，这全民剃发，自然就是过滤不从者最好的筛子。也是因此，清朝统治者选择了汉文化中至关重要的胡须、头发和衣冠制服，而不是诸如文字、语言等其他。

削发令一下，百姓削发剃面就成为了刚需，这个时候中国才出现真正意义上的理发，也因此有了专门以此为职业的理发师——"待诏"。待诏一词古已有之，从字面理解是等待诏令的意思，统指手艺人、工匠，等到清初"削发令"之后，待诏才正式成为以剃须、理发、挖耳等一系列手艺为职业的理发师专有称呼。

只是多尔衮在强推削发令的时候一定不会想到，三百年后，列强用利炮轰开清政府的大门，觉醒的士子第一时间就是一刀剪掉头发，抛弃了象征着清朝统治的辫子，也彻底抛弃了这愚昧的封建制度。

古代男人也化妆

在化妆越来越普及的当代，许多爱美男性在出门前也会浅浅地敷敷粉，而那些从事各种演艺事业的艺人明星，不论是舞台上还是舞台下，都会用化妆来提高和修饰五官的立体感，令其更加符合当下的审美，这是无可厚非的。

不过男性化妆即便是个人自由，也往往会面临着一些非议。许多人会认为男人化妆不够阳刚。但实际上，男性化妆与女性基本是同时起步的，从先秦时期开始，我们的古代美男们就知道如何用化妆以及各种配饰来增加自己的魅力了，所以咱就来聊聊古代男人化妆的那点事儿。

人为什么要化妆？当然是为了好看。这里的好看自然是指符合大众的审美，那么大众的审美标准又是如何呢？在先秦诗集《诗经》中有首以春秋时代大帅哥卫武公为原型来赞美男子形象的诗歌《淇奥》，描绘了当时的帅哥样式是："有匪君子，充耳琇莹，会弁如星……有匪君子，如金如锡，如圭如璧。""充耳"是挂在冠冕两旁的饰物，下垂至耳，这里明确说了是"琇莹"，也就是美玉；后面又说帅哥应该"如圭如璧"，依旧还是玉。那美玉的标准是什么呢？很显然是白皙，正所谓一白遮百丑。也就是说，古代除了美女的标准是长得白以外，帅哥的标准也是白。

在《孟子·告子上》中，描述了一个先秦帅哥叫作公孙子都，原名公孙阏，其曰："至于子都，天下莫不知其姣也。不知子都之姣者，无目者也。"这里的"姣"，总不可能是形容威武雄壮的样貌。而大家在语文课本中就知道的大帅哥邹忌，《邹忌讽齐王纳谏》描述他"修八尺有余，而形貌昳丽"，虽然已经过去两千余年，但实际上古人的审美标准和我们当代人也没什么差别，无非两个字——"高"和"白"。那高是固定死的，谁都没有办法改变，但是白的话就好办多了，无非就是往脸上敷敷粉。这就导致古代的男人逐渐开始使用化妆术来修饰自己的面容。

古代男子敷粉化妆的记载在史书中层出不穷。《汉书·广川王刘越传》里说："前画工画望卿舍，望卿袒裼傅粉其旁。"汉惠帝当政期间，还有男侍"不敷粉不当值"的规定，《史记》中载："孝惠时，郎、侍中接冠骏钱贝带，传脂粉。"可见当时在宫中和贵族家中专门从事侍从的男性已经普遍有了化妆意识。

也许有人会说，侍从化妆可能是因为职业使然，不具备普遍性。但是从历史记载中来看，这个认知似乎是不正确的。例如，《后汉书》记载东汉名臣李固平时形象就是"胡粉饰貌"，"胡粉"即铅粉，古代的高级粉底；三国时期曹魏大将军何进的孙子何晏，《三国志》中也说他："晏性自喜，动静粉白不去手，行步顾影。"世人称之"敷粉何郎"；我们都熟悉的大才子曹植，史载他几乎不会素面见人，要经过简单的敷粉和装扮之后，才会接见名士。看来除了侍从以外，即便是名流权贵中的男性，也好化妆。

　　《艺文类聚》载："（董）贤传漏在殿下，为人美丽白皙，哀帝望见，悦其仪貌。"说的是汉哀帝见董贤长得白，于是悦其仪貌，把古人对于白的欣赏表现得淋漓尽致。贵族阶层都以白为美，民间更是趋之若鹜，长得白皙的男人不仅会被冠以美男之名，更是在全国上下享受如超级偶像明星一样的待遇。

　　例如，西晋时期的著名美男子王衍、裴楷、卫玠、潘岳、夏侯湛等，皆是以皮肤"仿如无瑕之洁白美玉"而大受欢迎，《世说新语》说王夷甫（王衍）"容貌整丽，妙于谈玄，恒捉玉柄麈尾，与手都无分别"；又说裴楷白得像玉，被时人称为玉人，老百姓还纷纷以见到裴楷为荣，时民间有"见裴叔则如玉山上行，光映照人"的说法。而《晋书》中对卫玠的描述是，卫玠年少时乘坐羊车到街市去，看到他的人都以为看到了玉人。后来卫玠从豫章郡到京都（南京）去，结果京城的百姓闻讯纷纷跑出来围观，这可把原本体弱多病的卫玠给吓到了，就此病情加重，年仅26岁便呜呼去世，这才有成语"看杀卫玠"。

众所周知，中国人是非常喜欢玉的，我们从旧石器时代开始就有玉文化以及玉信仰，远比金、银、铜等其他矿物早很多年。所以我们会用玉去形容一个人的性格——温润如玉；会用玉代表品德——君子必佩玉；会用玉去形容事物的美好——金玉良缘。也正是如此浓厚的玉文化，让古人对人的审美也向白玉靠拢，所以评判帅哥的标准之一，就是这个人的脸够不够白得像一块玉。例如，潘岳和夏侯湛因为是一对好友，又是知名的帅哥，所以被称为"连璧"。

在这种风气的带领下，原本身为黄皮肤的我们，就很自然地需要用化妆品来掩盖自己本来的肤色，令其增白了。这也是为什么古代的男人也化妆的最重要原因，毕竟谁不想自己可以被称为"玉"呢？

和当代依旧有人觉得男人化妆有违风化一样，虽然魏晋南北朝时期是我国男人化妆最为兴盛的时候，但也有人觉得这是"玩物丧志"的表现。例如，《颜氏家训·勉学》中就说："梁朝全盛之时，贵族子弟，多无学术无不熏衣剃面，傅粉施朱。"一方面说明了当时男人化妆的普遍，另一方面也反映出一些人对男性化妆这种行为嗤之以鼻。

之所以会如此，还是因为即便男性化妆再普遍，也只限于权贵阶层，普通百姓自然不可能每天"傅粉施朱"，然后出门干农活。再加上司马迁在《佞幸列传》中所列佞臣很多都喜欢化妆，于是在后世的戏文中，白脸就逐渐成了奸臣的代表，男人化妆也随之遭到了部分正直人士的鄙视。

根据历史记载，直到唐朝的时候，男人还有化妆习俗。唐朝皇帝每逢腊八节，都会把各种胭脂和唇脂分赐百官，以示慰劳。例如，白居易在《腊日谢恩赐口蜡状》就记载了此事，曰："今日蒙恩，赐臣等前件口蜡及红雪、澡豆等，仍以时寒，特加慰问者。"除此以外，如果你是对国家有特殊贡献，或者是德高望重之辈，皇帝也会特赐各种化妆品。例如，唐高宗时期的大臣元万顷、宰相刘祎之等，因位高权重，逢年过节皇帝就特意赐给他们一些上等的胭脂和唇脂，以示帝王恩宠。这种事有时候想想也挺有意思，听过赐金钱布锦的，还从不曾想过原来在古代被赐化妆品都是极大的荣耀。

不过唐朝以后，等到宋太祖赵匡胤开国，由于提倡节俭，男人化妆的习俗就逐渐没落了。直到近代之后演艺职业的兴起，部分人群因工作需要，男人化妆风气才逐渐再次兴起。

古人的寿命有多长

　　很多人好奇古人到底能够活多少岁，或者说他们的平均寿命是多少。学者林万孝在其论文《我国历代人的平均寿命与预期寿命》中说，夏、商时期古人平均寿命不超过 18 周岁，周、秦大约为 20 岁，汉朝 22 岁，唐朝 27 岁，宋朝 30 岁，清朝 33 岁，民国 35 岁左右。结合民国时期许仕廉《人口论纲要》所载，20 世纪 20 至 30 年代，我国人口的平均寿命为 33 岁；此外，据 1936 年实业部公布，当时中国人的平均寿命为 32 岁。

　　由此可知，我国在中华人民共和国成立之前的人均寿命不超过 35 岁。与之相对的是，根据《世界人口手册》显示，欧洲从 13 世纪到 18 世纪的平均年龄同样不过是 20 至 40 岁之间。也就是说，在古代，古人似乎确实很难迈过 40 岁这个坎。

　　很多人看到这里，会觉得难以置信，毕竟在如今的社会，

35 岁刚刚到中年而已。古人寿命即使再低，也不至于此。况且古人虽然有短命的，可还是有很多人非常长寿啊，如活了 82 年的武则天，81 岁去世的宋高宗赵构，还有据说享年 103 岁的南越武帝赵佗。既然如此，我们不禁想问，古人到底能活多少岁？

要判断古人到底能活多少岁，我们首先要确定的就是学者们是如何判断古人平均年龄的，其实方法很简单，就两个：一是查古墓，用现代科技判断墓主的死亡年龄，再进行统计；二则是查历史户籍档案或者记载详细的有代表性的族谱。

然而当我们进行统计的时候却发现这其中存在巨大的年龄差距。例如，作为我国目前发现的最大规模的战国秦墓葬群——陕西临潼新丰镇秦文化墓地的考古结果显示，在能够确定年龄的遗骸中，其死亡年龄分布如下图：

年龄分期		男（%）	女（%）	合计（%）
未成年	≤ 14 岁	0（0%）	0（0%））	0（0%）
青年期	15~23 岁	4（5.1%）	7（9.5%）	11（7.2%）
壮年期	24~35 岁	25（32.1%）	14（18.9%）	39（25.7%）
中年期	36~59 岁	39（50.0%）	34（45.9%）	73（48.0%）
老年期	> 60 岁	10（12.8%）	19（25.7%）	29（19.1%）
合计		78（100.0%）	74（100.0%）	152（100.0%）

在这张表格中，我们可以明确看到先秦时期古人的去世年

龄大多集中在 36~59 岁这个年龄段，甚至 60 岁以上的人口都达到了 19.1%，这个数据已经远远高过了民国时期，难不成古人越活越短命不成？

再例如，有一份《梅县程江大亨村叶氏族谱》的资料显示，叶氏从明初定居大亨村到近代共历 17 世，根据其中确定生卒年份的 129 名男丁和 103 名女性进行统计，男性平均年龄为 60.1 岁，女性为 65.5 岁，这平均寿命简直高到令人怀疑。

这两份统计可谓是实实在在地打脸我们开头所说的古人平均年龄不过 35 岁的结论，然而事实真的是如此吗？实际上不论是林万孝的统计还是新丰镇秦文化墓地墓主年龄的数据，都是正确的，只是后者有关键数据被隐藏了而已。我们可以看到，在新丰镇秦文化墓地墓主年龄的数据中，并没有出现 14 岁以下的未成年，这是因为古代夭折的孩子一般是不能和成人葬在一起的；同理，在《梅县程江大亨村叶氏族谱》中，也不包括未成年便夭折的族人，这就相当于去掉了数据中的最低数据，以至于平均数大大提高。

在统计古人平均寿命的时候，我们不得忽略的一个问题就是古人的夭折率是非常高的，甚至远远超出了我们的想象。这里我们举个最简单的例子，清圣祖康熙活了 69 岁，算是长寿的了，其一生共育有儿子 35 人，女儿 20 人。但是在其儿女中，未及 14 岁便早殇的皇子 15 人、皇女 12 人。如果我们一起算平均寿命的话，康熙 35 子的平均寿命为 31.9 岁，20 个女儿的平均寿命为 16.1 岁。如果我们把早殇的剔除掉，康熙皇子的平均年龄就达到了 53.6 岁，皇女平均年龄为 35.1 岁。

在这里我们不得不考虑的是，康熙的这些皇子不愁吃喝，生活在和平年代，享受着当时整个国家最发达的医疗资源，可即便如此，在超高的夭折率面前，整体平均寿命依旧不超过 35 岁。那对于普通人来说，时常处于战乱之中，饱受天灾困扰，情况自然是更为恶劣，这也算是证实了林万孝对于古人寿命统计数据的准确性。

而关于未成年超高的夭折率，根据人口学的寇尔 – 德曼区域模型生命表，在古代 40% 的人会在 10 岁前去世。也就是说，对古人来说 10 岁是一个很大的坎，只要熬过了童年期，除非碰上战乱，不然大概率都可以顺利进入青壮年。由于 10 岁前儿童超低的抵抗力，在没有抗生素的年代，肺结核、天花等传染性疾病一旦染上都是无药可医的绝症。事实也确实如此，在康熙众皇子中，活过 10 岁却在 30 岁之前去世的，仅有一名。

为此，古人甚至产生了某种迷信。根据历史记载，顺治十八年（1661 年）正月，年仅 24 岁的顺治帝突然病危，并在临终前接受了德国传教士汤若望意见，把得了天花却最终活下来、拥有天花免疫力的三子玄烨立为继承人，这便是日后的康熙帝。在古代，能在这种传染性及致死率极高的病害中存活的人，都会被视为冥冥之中有神的保护。

看到这里，大家应该能明白古人到底可以活多少岁了吧，说到底就是看你把不把"被平均"的数据算进去。

人口统计学家也发现这种不科学的统计算法会让人错误地评估某一时期、某一地区人的生活状态，所以在现代人口统计学中，分为平均死亡年龄和平均寿命两个概念。所谓平均死亡年龄就是全体死亡者的平均年龄，以各年龄组死亡人数为权数。平均死亡年龄既受死亡者年龄的影响，也受各年龄死亡者在总死亡人数中所占比重的影响，即人口年龄结构的影响。打个比方，日本的老龄化比我们严重，所以死亡中老年人所占的比重也会提高，那么平均死亡年龄自然就比我们更高了。但是这个数据只表示一个时期内的死亡人群，和总人口的平均寿命是没有关系的。

而平均寿命是平均期望寿命的简称。它通常指某一国家或者地区在一定的年龄别死亡率水平下，活到确切年龄 X 岁后平均还能继续生存的年数。比如，某一国家有 10 万人在同一天出生，然后把这 10 万人每一年到下一年所活的人数全部加起来，再除以总数 10 万，得到数值则为出生该年该国的平均期望寿命，开头我们提及 1936 年中国人平均寿命 32 岁，便是通过这样一个程序计算出来的。

除去以上因为统计口径差异导致大家对古人年龄的错误认

知以外，还有一个非常重要的原因就是我们所认识的那些长寿的人基本都是古代名人和帝王，一个人要成为被后世敬仰的大人物，没有岁月的累积几乎是不可能的。谁也不能说自己可以在短短几年内就名满天下，除了王勃那种稀少的少年天才，我们所熟知的大多数名人真正成名时年龄都已经不低了，这就使我们产生了古人人均寿命都很高的错觉，也就是幸存者偏差。

此外，古人也会说谎，也会造神。例如根据古籍记载，我国最长寿的人为彭祖，据传其寿命达 800 岁，这当然是毫无可能的；还有 72 岁出山协助周文王打天下的姜子牙，这里的年龄也是虚构的，为的就是塑造一个德高望重的形象。还有更离谱的，如被朝鲜族奉为先祖的檀君，传说活了 2000 多岁；越南人的先祖鸿庞氏，传说更是从公元前 2879 年活到公元前 258 年才去世。这是由于人们对于长寿的崇拜——在科学落后的古代，人们会不断给有着特殊历史贡献的人物加年龄，表现其伟大。

总之，要非常科学且准确地统计古人寿命，几乎是不太可能的，由于文献的缺失和古代统计数据的不准确，我们无法得知古代的平均寿命和平均死亡年龄。但是我们依旧可以通过墓葬以及族谱等，粗略地计算出古人可以活多少岁，只是这些数据也大多是一个参考罢了。

古代的钱是什么样的

钱币是人类社会非常重要的东西，作为货物交易的媒介，钱币在远古时期使得单纯的以物换物变成了买卖，由此这世界上才诞生"经济"这个概念，它对于人类文明发展的贡献和促进可谓有目共睹。

说到钱，我们都知道金银铜铁这些珍贵的矿物质，由于它们本身蕴含价值，作为钱币自然是再合适不过了。但是远古的人类可没有从矿石中提炼出金银铜铁的能力，只是不知道什么时候，古人们突然发现自己家中用来装饰的贝类，小巧玲珑，色彩鲜艳，坚固耐用，不论是大人还是小孩都十分喜欢。对于生活在内陆的古人来说，这些生长于热带和亚热带浅海的宝贝是十分稀罕的，它们大小适中，便于携带，于是将其作为以物换物的媒介，即最原始的货币，最早的钱币由此诞生。

用贝作为钱币，称之为贝币，它的计量单位是"朋"。朋在古代就是一串一串的意思，古人把五个贝穿在一起叫作朋（不过也有两贝一朋、十贝一朋或者两串一朋的说法，各说不一），如《诗经·小雅·菁菁者莪》中说："既见君子，锡我百朋。""锡"就是赠送的意思，可见不管在什么年代，一个出手阔绰的男人，总是会备受女孩子的喜欢。

商代晚期的时候，随着人们对于交易的需求越来越大，作为天然产物的贝居然开始出现极度短缺现象，即便这时候越来越多的贝加入了货币的大家庭，如"拟枣贝""阿文绶贝"等，可依旧无法做到"货贝"（又名齿贝）充足。为了解决这种现象，人们开始使用陶、石、骨、玉、铜、金、银、铅、锡等模仿贝的形状来制作仿贝钱币，被称为"人工仿贝"。但是大家也知道，

货贝，商朝（国家博物馆藏）

诸如金、银、玉等稀有矿石，拿来作为贝明显是得不偿失的。恰好这时候古人的青铜冶炼技术越来越成熟，铜矿也不缺，于是青铜铸币应运而生。不过这时候人们还是把青铜币制作成贝一样的形状，被称为"铜仿贝"或者"铜贝"。

铜贝的出现，正式宣告人类从天然货币走入了人造货币时代，同时满足大批量制造的铜贝，自然也不会再出现因为钱币的缺失造成商品经济停滞不前的现象，人们终于可以不受限制地进行交易了。铜币的大小、重量和价值远比天然货币更统一，也使得交易更为公平，人们交易的意愿自然就越高了。这也是为什么我们现在看到大多数与钱币发生关联的汉字都有"贝"字旁的原因，如货、贸、贾、贿、费等，再例如我们常常称呼最心爱的人为"宝贝"，也是由此而来。

战国时代的楚国发行了一种"铜币"，这种铜币上窄下广，背平面凸，上面还刻有一个类似"紊"字的阴文，由于其形如蚂蚁爬到鼻子上，被称为"蚁鼻钱"；还有刻"咒"字的，则被称为"鬼脸钱"，为了统一，后人将所有刻有文字的铜贝都称为蚁鼻钱。春秋战国时期中原各割据政权林立，让各国有了开始发展各自货币的契机，于是形状各异的刀币、布币和圆钱出现在了历史上。

所谓刀币，自然是长得像刀一样的铜币，其正式称谓为"刀化（货）刀币"，由春秋时代的刀型农具演化而来，分别为刀首、

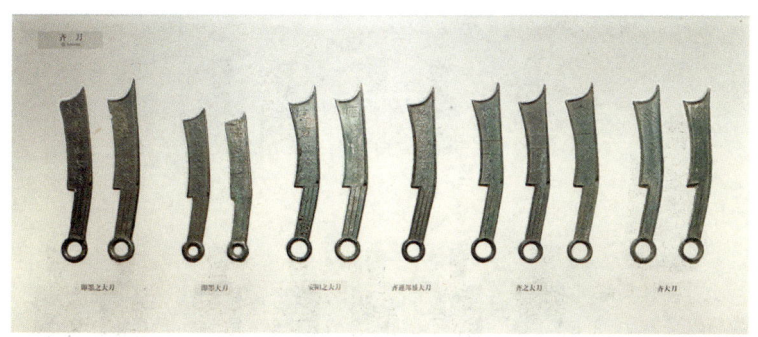

春秋战国货币——刀币（辽宁省博物馆藏）

刀身、刀柄、刀环几部分。刀币的种类也丰富多样，按形状可分为针首刀、尖首刀、截首刀、圆首刀和平首刀，按刀背可分为磬折刀和弧背刀，以使用区域按名称就有齐国的齐刀、燕国的明刀（币上铸有一"明"字）和赵国的赵刀等，其主要使用区域也是齐、燕、赵三国。

既然齐、燕、赵三国使用的是刀币，那中原诸国使用的是什么呢？他们用的同样也是由农具演化而来的布币，只是这次由刀换成了铲，所以布币就是铲状的货币。据悉，最初的布币跟铲子差不多，不仅留有装柄的銎，背部还有隆起的脊，后来才逐渐变薄、变小，成为便于锻造和携带的布币。当然，根据使用国家的不同，布币也是多种多样的，主要分为空首布和平首布两大类，其中空首布可分为平肩弧足空首布、斜肩弧足空首布、耸肩尖足空首布；平首布可分为斩布、锐角布、方足布、

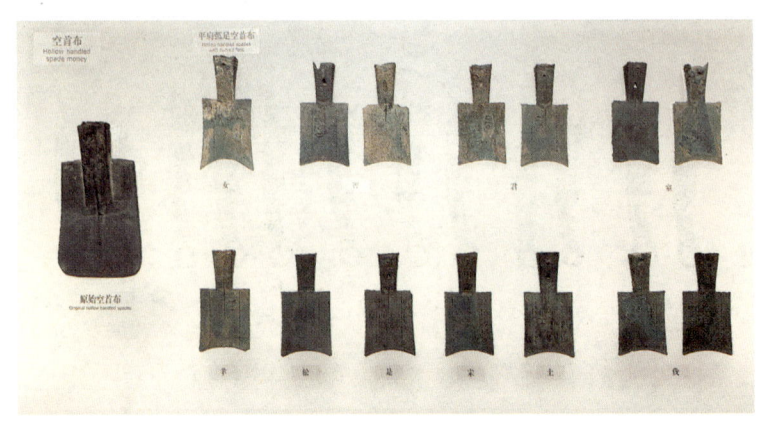

空首布（辽宁省博物馆藏）

尖足布、圆足布、三孔布。总之就是各式各样，各国各自发挥。

　　和现在一个国家基本只有一种货币不同的是，战国时代各国都存在货币混用的情况，例如燕国会用刀币，但是也用布币，同时还用圆钱。圆钱大家就非常熟悉了，战国时代分为圆孔圆钱和方孔圆钱两种，方孔圆钱又被称为"孔方兄"，而方孔圆钱的诞生，一说是代表天圆地方，另一说是因为古时候铸造完钱币，工匠会把钱套在方形的木棍上好打磨方孔圆钱的一周。

　　自秦朝以后，我国历代的钱币基本都是方孔圆钱，无非就是上面刻字因年号朝代不同而不同。实际上之所以如此，是因为战国时代秦国所使用的就是方孔圆钱，秦始皇一统天下之后"书同文，车同轨，行同伦"，钱币自然也统一使用方孔圆钱了。况且从实际使用来说，方孔圆钱的制作和携带都比形态复杂的

秦朝半两铜范（旅顺博物馆藏）

刀币和布币更为便捷，后世王朝自然就没有更改的必要了。

除了刀币、布币和圆币以外，当时的楚国还流通过一种金币，因其上刻有"郢爰"两字，所以又叫作郢爰金币，也叫作楚金，其形状大多是不规则的金块，目前出土极少，非常珍贵。很显然，这种金币就只有诸侯贵族才使用了。

说完这些币，我们就得来说说大家在电视剧中常常看到的银两了，也就是银锭。顾名思义，银锭就是熔铸成锭的白银，目前出土最早的银锭是汉景帝中元二年（前148年）所铸，可见银锭是汉代开始使用的。

这里有一个误区，由于受电视剧的影响，很多人以为银锭都是元宝状的，实际上由于中国历代都允许民间私自锻造银锭，银锭形状不一而足，有汉代的饼形，唐代的长方形条状、船状，宋代的铤形，等等。其中主流的有中锭，多为锤形，重约10两，

被称为小元宝；第二种是小锞或锞子，形为馒头状，重1两到2两，也叫小锭；第三种是不足一两的碎银子；第四种才是马蹄形的、重50两左右的银锭。后来因为元朝把马蹄形银锭称为元宝，明清沿用，才使得银元宝之名深入人心。

使用银锭时，并不是你说这值多少就是多少，都是秤过之后再确认银锭的价值，所以根本不存在电视剧里面随手丢一个银锭说多少钱的事，毕竟要是"缺斤少两"，店家可哭死了。

清朝时国库收支使用的标准衡量单位叫作库平两，所以标准货币单位就叫作库平银。众所周知清朝有个大贪官叫作和珅，一说他贪污二十多亿两，又说他贪污的钱抵得上清朝十年国库收入，但是实际上《清仁宗实录》记得清清楚楚，当把和珅家中抄出来的钱换算成标准库平银后，为350万两。虽说这依旧是个巨额数字，但是和传言之中的已然天差地别。

清代银锭（辽宁省博物馆藏）

　　古代最值钱的流通货币是金锭，和银元宝一样，金锭实际上也不是金元宝状的，它有马蹄形、葫芦形、长方形等，在使用的时候也需要秤量计算。

　　除了各种金属货币，北宋仁宗天圣元年（1023年）出现了世界上最早的纸币，也是世界上最早使用的纸币——交子。宋朝是我国古代市场经济的巅峰时期，商品贸易极其繁荣，很多商人在进行商品原材料交易的时候，往往牵涉到巨额的金钱，用银锭怕被贼惦记，用铜钱每次使用都需要上百斤，携带极其不便，于是四川地区的商人率先开始使用便于携带的交子纸币。

　　其具体使用方法是存款人把现金交付给经营现金保管业务的"交子铺户"，铺户把存款数额填写在用楮纸制作的纸卷上，再交还存款人，并收取一定保管费，这张写有金钱数额的楮纸就叫作交子。交子的出现不仅促进了市场经济的发展，同时也是我国民间金融的开端。

南宋 20 两金铤（辽宁省博物馆藏）

很多人非常好奇古代的一两银子到底等于现在的多少钱，这里简单说一下，两是计量单位，现在 1 两为 50 克（中华人民共和国成立之前 1 斤为 16 两，所以才有"半斤八两"这个成语），但是古代根据朝代的不同，1 两的实际重量也不一样，直接换算为现代十几克到几十克不等。例如，东汉时期 1 两约为现代的 13.8 克，但是清朝的 1 两就等于现在的 37.3 克左右。那我们是不是可以直接用现在的国际银价去换算古代 1 两银子值现代多少钱呢？

这当然是不准确的，因为在古代，银子的价值和当代银的价值不仅不是同一体系，其价值也早就发生了翻天覆地的变化。例如，因为制作了元素周期表而闻名世界的俄国化学家门捷列夫，沙皇为了表彰他的贡献，给他颁发了一个代表当时最高荣誉的铝杯。要知道铝在现代金属中可是非常廉价的，铜都比不上，但是在当时由于提取困难，铝的价值甚至比黄金贵多了。

又有很多人用米价来换算古代1两银子的价值，这也不准确。与古代银和当代银价值体系不同一样，古代米价虽说和平期比较稳定，但是由于古今粮食结构的变化，米价并不能反映古今的实际价值变化。

那究竟什么才最符合古今钱币价值换算呢？实际上最精准的还是劳动力价值，因为劳动力是一切价值的基础。打个最简单的比方，2020年日本东京涩谷的房价换算人民币约为8万每平方米，其位置大概相当于北京的海淀区，而海淀区2020年的平均房价约为7万每平方米。既然如此，是不是说明北京的房价比东京的便宜呢？从数字上来看没有错，但是东京的人均收入为北京的三倍左右，也就是说，从实际劳动付出来看，东京的房价要除以3，才能够拿来和北京房价对比。

到了这里，我们就可以进行比较粗略的换算了。例如，《宛署杂记》中记载，明代县衙的差役年收入为20两白银。赶车的马夫或许是因为技术要求高，类似现在的大卡车司机，所以待遇也高，年收入达到了40两白银。最惨的是更夫和铺兵，辛苦一年也就三四两银子。那大家就可以用相应职业在当代的工资来估算明朝时期1两银子大致等于当代多少钱了。总之，在古代，一个三四口人的普通家庭，一年花销也就在2两以内，所以这1两还是非常值钱的。

古代那些稀奇的赚钱方式

古人云"人为财死，鸟为食亡"，如何赚钱从古至今都是个难题。面对这一难题，古人们急中生智，找到了一些奇怪的赚钱方式，用以养家糊口。现在我们就来盘点一下，古人那些奇怪的赚钱方式。

一、代写情书

关于代写情书，有这样一个故事，说是汉武帝刘彻废了陈阿娇的皇后之位，陈皇后在冷宫中度日如年。她听说此时长安城有一位写赋十分了得的新贵叫作司马相如，于是"奉黄金百斤"，想让他替自己给刘彻写一封"情书"。不看僧面看"财"面，司马相如欣然应允，挥笔写就名篇《长门赋》。

其中"魂逾佚而不反兮，形枯槁而独居"描述了昔日爱人陈阿娇失宠后的凄凉景象，又"忽寝寐而梦想兮，魄若君之在旁"，则表达了陈阿娇对汉武帝的思念之情，夜不能寐。那终究是一日夫妻百日恩，汉武帝见到此赋，已然完全被司马相如的文章所感动，也深知自己还是爱着陈阿娇的，最终"陈皇后复得亲幸"。而陈皇后买赋的典故，李白在《白头吟》之二中写道："闻道阿娇失恩宠，千金买赋要君王。"即成语"千金买赋"的由来。

这里的司马相如便是代写情书的能手，并因此获得了巨额报酬。

二、另类红娘

古代有一个职业叫作红娘，就是撮合男女关系的。但是很多人不知道，古代还有一种职业，是专门撮合不正当男女关系的，并以此谋利，这种人被俗称为"马泊六"。

《水浒传》中，王婆就笑着说："老身为头是做媒。又会做牙婆，也会抱腰，也会收小的，也会说风情，也会做马泊六。"那看到这里大家就很清楚了，《水浒传》中撮合西门庆和潘金莲的人正是王婆，而西门庆有妻，潘金莲有夫，王婆都是明里知道的。古代就管这种人叫作马泊六，也称"马八六""马百六""马伯六"等。

不过正所谓君子不取不义之财，做马泊六可不是一个正当的赚钱方式。

三、动物外科医生

养过宠物猫狗的人都知道，如果你想你家的猫狗更长寿，或者发情期不那么烦人，那么必须要做的事情就是带宠物去做绝育。做了绝育的宠物，不仅少了很多不必要的生殖疾病，由于激素的下降，也会变得温顺许多。更为重要的是，做完绝育的宠物要比未绝育的宠物寿命长上许多。

很多人认为给动物做绝育是现代才有的，实际上早在汉朝的时候，我们的古人就发现了给家养动物做绝育的好处，而当时的手术医生被称为"劁猪匠"。在古代，劁猪匠总是拿着一把劁猪刀子，挑着扁担，走街串巷，只要有人的地方，基本就会有他们的身影。等遇到有求于之的老百姓，手起刀落，干净利索，正是"十步杀一猪，千里不留行"。当然，劁猪匠除了给猪做绝育以外，也会给羊、马等需要做绝育的家畜做，毕竟只要能赚钱，他的刀子就可以切下来。

别看劁猪匠这个行业在古代翻山越岭走街串巷非常辛苦，其实还是颇受人尊重的。例如，在陈云瞻的《簪云楼杂记》上就记载这么一个故事。说是春节时，朱元璋微服出巡，看看老百姓都在门上贴了什么喜庆的春联。结果当他走到一户人家门前，看到并没有张贴春联，便上前询问。原来这户家主是个刽猪匠，没读过书也不识字，还未请人代写。于是朱元璋大笔一挥，送了他一副"双手劈开生死路，一刀隔断是非根"的春联，可见刽猪匠在古代的重要性。

四、反串演员

反串演员在当代已经不算什么稀奇事了，例如大名鼎鼎的京剧大师梅兰芳，就有四大名旦之首的美誉，而旦角，便为女角色的统称。不过你或许不知道，早在唐朝的时候，我国历史上就出现过一个十分厉害的反串演员叫作李伶。

李伶，根据《梨园旧话》记载，他是唐朝天宝年间的一位梨园戏子。虽身为男儿身，且已经50余岁，但是他扮上女装之后不仅姿容美丽，楚楚动人，其一颦一笑更是把一个二八少女演得惟妙惟肖，因此拥有着众多的戏迷"铁粉"。

随着李伶名气越来越大，"粉丝"们终于按捺不住了，纷纷跑到后台要求见李伶一面，可掀开帘子，他们却只看到一个老头坐在那儿。老头子告诉他们：想见李伶，明天再来。第二天众人如约而至，果见李伶盛装相迎。随后，只见他当着众人的面卸妆，由此人们才发现这居然就是昨天见到的那个老头子。

看来亚洲三大"邪术"之一的化妆术，在唐朝就已经出神入化了。

五、声音模仿

有些技能是后天练成的，有些技能则是老天爷赏的。对于这种独特的能力，我们统称为天赋。在众多的天赋中，声音模仿绝对是一门非常独特的技能，自然就有人拿它来赚钱了。

人教版语文课本中有一篇文章叫作《口技》，这是清代文学家林嗣环的一篇散文，该文记载了一段口技表演。隔着屏风，众人可以通过耳朵听到一会儿有孩子啼哭的声音，一会儿有妇人起床拍儿的声音，其间还有老鼠作作索索、不小心碰到了家具的动静。突然有人大呼"火起"，于是众人又听到了一场邻里合力救火的声音。然而等到表演完毕，撤去屏风，大家所见的不过"一人、一桌、一椅、一扇、一抚尺而已"。原来之前种种，都是口技表演者一个人模仿出来的。

无独有偶，在《史记·孟尝君列传》中也描述了一个善于口技的人，说是战国时秦昭王扣留了齐国前来出使的孟尝君，后孟尝君准备连夜逃出秦国，经过一番斗智斗勇，好不容易逃到了函谷关，眼见就要出秦国了，结果由于天还没亮，城门不开。正在这紧急时刻，孟尝君的一个门客开始"喔喔喔"模仿鸡叫声，城内外的雄鸡听到之后都开始打鸣。古人没有手表、闹钟，鸡打鸣就代表天要亮了，函谷关守城将士紧忙打开了城门，这让孟尝君顺利逃回了齐国。

后来人们用成语"鸡鸣狗盗"来形容拥有这种微不足道的本领的人。可是话又说回来了，有时候很多事情的反转，就是来自于这些微不足道的本领。毕竟古人也有句老话，叫作"三百六十行，行行出状元"嘛。

除了以上我们举例的赚钱小技巧外，古代还有许许多多奇特的职业。例如，同样是在初中语文课本中学过的《核舟记》，就写了一个可以在核桃上雕刻作品的手工艺人的故事；再例如，清朝的时候有个职业叫作"库丁"，是在国库中搬运银两的，为了防止他们监守自盗，必须全裸着身子工作，也算是一份辛苦钱了。

小众且稀奇的职业不仅我国古代有，外国也有。例如，中世纪欧洲经历过黑死病之后，人们对老鼠谈之色变，于是催生了一种专门抓老鼠的职业——捕鼠者（Rat-Catcher）。维多利亚时期的英格兰有一名叫作杰克·布莱克的捕鼠者，就因为被当时的著名记者亨利·梅休采访，成了英国的大名人。中世纪时期的英国还诞生过一个叫"厕伕"的职业（Groom of the King's Close Stool），说白了，这种人就是负责协助国王排泄和清洗臀部的。由于这个角色掌握了帝国的最高"机密"，往往由国王最信任的贵族或宠臣兼职。到亨利七世掌权期间，厕伕甚至成了一个官职，还拥有了参与制定国家财政政策的权力。还有一种叫"挨鞭童"（Whipping Boy）的职业，本是王子的书童，但是当王子犯了错要挨罚的时候，这书童就会替王子去挨揍了。

总之，大千世界无奇不有，三百六十行除了出状元以外，再小的职业也有其独特价值。我们只要不去做什么马泊六一类的，那么能够赚到钱，就是一件了不起的事情。

风俗那些事

古人结婚有哪些讲究

　　宋朝神童汪洙在其《神童诗》中总结人生有四大喜事，分别是久旱逢甘雨、他乡遇故知、洞房花烛夜、金榜挂名时。婚姻对于一个人的重要性，想必不言而喻，特别是在极其重视家庭关系的中国人眼中，说它是人生中最重大的事情也不为过。两千多年前的《易经·序》开篇便言："有天地，然后有万物；有万物，然后有男女；有男女，然后有夫妇；然后有父子；然后有君臣……"也就是说，在中国人的哲学观念中，除去天地万物，婚姻甚至排在家国、君臣等一切社会秩序的前面。

　　既然婚姻如此重要，被誉为"礼仪之邦"的我们对结婚这件事自然也极为看重，而为此所举办的仪式就叫作婚礼。唐人杜佑在《通典》中谓"伏羲始制嫁娶，以俪皮为礼"；《礼乐部·礼制》又说："女娲氏与伏羲共母，佐伏羲正婚姻，始为神媒。夏后氏始制亲迎礼。"这里的"俪皮"就是把一整张鹿皮对半切开。古人认为早在上古伏羲时期就已经有了婚礼习俗，这成对的鹿皮便是两个人结为夫妇的见证。又因为女娲和伏羲为兄妹，所以他们的母亲就是史上第一个媒婆。到了夏朝的时候，国家制定了结婚需要迎亲的礼仪。

到了周朝以后，人们认为婚礼是所有礼仪的根本，自然不可轻率，更不能怠慢，所以此时我国产生了第一部官方制定的婚礼规范《礼仪·昏义》。

《礼仪·昏义》不仅明确规定了当时的结婚条件，更多的则是结婚礼仪。其开头便是："昏礼者，将合二姓之好。"也就是说，商周时期的古人是不允许同姓结婚的，《礼记·大传》中同样记载："系之以姓而弗别，缀以食而弗殊者……虽万世而婚姻不通者，周道然也。"即如果两个人是同姓者，那么百世之内都不得通婚。理由也非常简单，古人认为族内通婚属于乱伦，《白虎通德论》对此解释："同姓不得相娶，皆为重人伦也。"人伦是礼的基础，自然不能乱。

随后便是婚前的准备工作和五大礼节，其曰："是以昏礼纳采、问名、纳吉、纳征、请期。"这五礼加上"皆主人筵几于庙，而拜迎于门外"，即俗称的"亲迎"，组合成了我国传统婚礼中最为重要的"六礼"。其中"纳采"就是指男方请媒婆到女方家中提亲，应允之后正式向女方纳"采择之礼"。采择之礼用什么呢？

最早的时候约定俗成都用大雁。为什么要用雁呢？因为雁在古代除了象征家以外，还被视为"人伦之鸟"。雁为候鸟，兼得南北方的有利气候特征，所以也被视为"顺乎阴阳"之物，以此喻男女结合。

不过随着社会的发展，人们攀比之心渐起，于是汉代之后纳采聘礼逐渐增加到璧、羊、酒、香草、鹿等，除了彰显男方富贵以外，还有对新人的吉祥、祝颂之意。例如，唐朝的纳采聘礼需要合欢、嘉禾、阿胶、九子蒲、朱苇、双石、绵絮、长命缕、干漆，其中阿胶和干漆就是比喻如漆似胶，嘉禾表示分福，棉絮表示调柔之义；蒲、苇是可屈可伸；双石是双方专一如磐石。不过这里要额外说明的是，在那个普通百姓仅能糊口的年代，基本上只有贵族士大夫才能严格遵从"六礼"，对于庶人来说要求就简单多了，更多只是在于形式，并不要求他们严格遵从这些花费巨大的礼节。例如，《宋史》中就记载："品官婚礼，纳采、问名、纳吉、纳成、请期、亲迎、同牢、庙见、见舅姑、姑醴妇、盥馈、飨妇、送者，并如诸王以下婚，四品以下不用盥馈、飨妇礼。士庶人婚礼，并问名与纳采，并请期于纳征。"可见阶层不同，要求也不一样，"六礼"并非是律法中规定的强制婚俗，即所谓的"礼不下庶人"，其实很多时候即便士大夫也不会完全遵守这些礼节。

从后汉到东晋，纳采阶段又延伸出了一项新事物——"六礼辞"，魏晋后演变为"六礼版本"，通俗地说就是婚书。我国现存最早的婚书便是东晋人王羲之为其子王献之求亲的《与郗家论婚书》，其曰："十一月四日，右将军会稽内史琅琊王羲之，敢致书司空高平郗公足下。上祖舒散骑常侍抚军将军会稽内史镇军仪同三司，夫人右将军刘阙女，诞晏之……与公宿旧通家，光阴相接，承公贤女，淑质直亮，确懿纯美，敢欲使子敬为门间之宾。故具书祖宗职讳，可否之言，进退惟命，羲之再拜。"该婚书云云数百字，道尽了琅邪王家的显赫，而高平郗家也是当世名门望族，算是实实在在的门当户对。

王羲之有家门可报，普通人自然比不上的，但普通人至少有一片真心。例如，北宋文人张嵘的《求媒启》曰："以蒹葭而倚玉，虽不量才；点瓦石而位金，当凭借妙手。密迩朱陈之礼，讲求秦晋之欢。薪柯不达于鄙悰，冰梦岂符于前兆。某男齿能奉雉，卜未鸣凤。某女誉蔼闺闱，德娴姆训。虽坦腹甚惭于逸少，谅齐眉愿配于伯鸾。幸假重言，拧闻嘉命。"这里的"朱陈之礼"和"秦晋之欢"都表示两家联姻，小伙子虽没有显赫的门第，但是这婚书写得一片赤诚。

实际上，最早的婚书应该是《周礼·媒氏》中记载的"凡娶判妻其子者，皆书之"，但是此时对于婚书并无强制的要求，也无法律效应。等到唐朝的时候，婚书才具有法律效力，成为结缔婚姻的证明。《唐律疏议》对此规定道："诸许嫁女，已报婚书及有私约。"所以自唐朝以后，不论是结婚还是离婚，都必须要以婚书为凭，算是最早的结婚证了。

纳采之后，如果女方答应了，接下去就是"问名"。所谓问名，顾名思义便是遣媒人去问女方的姓氏以及生辰八字，同时还有祖上三代、籍贯、门第等家庭信息。取回女方当事人的庚帖之后，男方请人吉合八字。郑玄对此注释："问名者，将归卜其吉凶。"

问名之后紧接着便是"纳吉"，纳吉即男方在宗庙里占卜，看看双方八字合不合，卜得吉兆之后再由媒人带着大雁，到女方家中报告喜讯。纳吉一般也不会有什么问题，如民国期间多将女方庚帖放置灶神前，如三日内无异事发生，则认为顺利，就拿男女双方庚帖去合婚。

南宋亚圣朱熹把"六礼"直接简化为"纳采、纳币、亲迎"三礼，所以问名和纳吉在后世就一起并到了纳采之中。不仅如此，唐宋之后的纳采礼中，婚书也较前朝有了明显的区别，由于这时候婚书有了法律效应，所以除去求婚所用婚书以外，还有女方答应后的定亲书，内容无非就是双方家庭情况、籍贯住址等内容。

而到了宋朝之后，纳采阶段一共要采取七道婚书，分别是求媒启（书）、议婚书、求婚启、问婚启、草帖、定帖和告祭家庙文。其中草帖和定帖算是定婚书，草帖主要介绍男女双方的情况，包括祖上三代官职（官宦世家才写）、名讳以及聘财和嫁奁，以此作为夫妻双方的"婚前财产证明"。草帖交换完毕之后，男女双方若无异议，便通过媒人交换婚书，然后再拟定帖。定帖不再复述草帖内容，只写男女双方名字、祝愿之话和对未来婚姻美好的憧憬。

这才是我们当代概念中的结婚证，定帖的完成也代表婚姻关系的正式确立，并受到法律的保护。

"纳征"又被称为"纳成"或是"纳币"，跟当代的男方到女方家中送聘金和聘礼差不多。孔颖达对"纳征"一词的解释就是："纳征者，纳聘财也。征，成也。先纳聘财而后婚成。"如果纳采和问名所用的大雁、香草、璧等是"礼"，那么纳币就如其名，代表的就是"义"。这个时候就是各家"八仙过海，各显神通"了，基本是家里能拿出什么就用什么。不过各朝各代对此还是有着一定标准的。例如，《晋书·志十一》载："太康八年，有司奏：婚礼纳征，大婚用玄纁束帛，加珪，马二驷。王侯玄纁束帛，加璧，乘马。大夫用玄纁束帛，加羊。"《明史·志三十一》记载品官婚礼："纳征如吉仪，加玄纁，束帛，函书，不用雁。"玄纁就是黑色和浅红色的布，在古代象征着天地；束帛为一束五匹布，在先秦物资匮乏时期曾作为馈赠佳品，后世以示虔诚和吉祥。不论是玄纁还是束帛都不算什么贵重物品，而明朝政府之所以如此规定，是因为当时提倡节俭。当然，这也不是强制性的要求，为纳征花费巨大的贵族富贾大有人在。

而朱熹在改"六礼"为"三礼"之后，纳币阶段则分为下定礼、下聘礼和下财礼，但也需要纳币书（启）、送币书状、叠幅婚启、聘书、礼书、送礼书、下礼书。这些婚书内容略有重复，但大致都是聘礼名单。同时也把问吉请期、接迎新妇和拜堂成亲都归到了亲迎阶段，此时还有请期书、报日书、婚礼状以及贺婚礼启等婚书，所以，宋朝婚礼算是我国历朝历代最为隆重的典礼。

纳币结束，下完聘礼，算是婚就彻底定下了。随后是"请期"，请期又叫作告期，就是我们现在的选日子。此时男方需要派人到女方家中去通知成亲迎娶的日期，同时亦需要送些象征吉利的礼，而后由使者返回复命，传达女方的意见。到了清朝，请期被称为通信，即男方用红笺写明过礼日、迎娶日等相关信息，由媒人送至女方家中，并与女家商议婚礼事宜。按照中国的习俗，请期的日子自然是免不了需要找术士算吉日的。

等确定了时间，就剩下婚礼中最重要的环节，即"六礼"最后一礼"亲迎"，俗话"接新娘"。《诗经·大雅·大明》中就记载了周文王当年于渭水之滨迎娶殷商帝乙之妹的事，即"大邦有子，倪天之妹，文定阙祥，亲迎于渭"。可见即使身份再高贵之人，也必须亲迎女方到家。而关于亲迎的礼仪，《汉书》中规定："四辅、公卿、大夫、博士、郎、吏家属皆以礼娶，亲迎立轺并马。"所谓"并马"，就是迎亲的时候需要一对马。

在《礼记·昏义》中，迎亲之日，男方父亲需要给儿子敬酒命其迎亲，女方父母在家中铺筵设几，于门口处拜迎女婿。而后女婿带着雁进门，升阶登堂，再拜女方父母，把雁放在地上，寓意从女方父母手中领回了妻子。接着便是新娘随其母下堂出门，新郎亲自挽新娘登上马车，新郎先是亲自驾驶马车，随后又把马车交给仆从，新郎驾驶自己的马车在前面做向导。等到了自家大门后，新郎在自家门口驭轮三周，停在门口，待新娘马车到了之后，新郎向新娘做辑，一同进家门。进了新郎房间，他们需要同吃一块肉，同喝一瓢酒，表示夫妻一体，不分尊卑。这项礼仪又叫作"共牢合卺"，自此全部婚礼结束。

估计还有些人好奇，为何结婚大多数是秋冬两季？先秦时期，百姓于春夏忙碌农活，等到秋收之后闲置下来时才有心思办婚礼，所以在那个时候嫁娶一般就在秋末至初春的这段时间进行。《荀子·大略》中有"霜降逆女，冰泮杀止"之句，说的就是从霜降之时可以开始嫁娶，到初春冰水融化的时候停止。由于古人长时期处于农耕社会，所以这个习惯就一直保留了下来。

前文说过《礼记·昏义》只是对"礼"的一种形式参考，它并不是强制性的，也不是什么规范，所以"六礼"在后世王朝中也只是作为参考依据，民间则依此发展出各式各样且颇具地方特色的迎亲习俗，如我们都知道的堵门、闹新房等。《汉书·地理志》记载，当时燕地（今河北北部）的迎亲风俗就是："嫁娶之夕，男女无别，反以为荣。后稍颇止，然终未改。"东汉人仲长统在《昌言》中也提及当时迎亲时的闹新房习俗："进嫁娶之会，捶杖以督之戏谑，酒醴以趣之情欲，宣淫佚于广众之中，置阴私于族亲之间。"看这些描述才知道，原来古人是多么会玩儿。

虽然当时许多士大夫也非常讨厌一些伤风败俗的闹新房，可并没有阻止这一现象，反而是愈加严重，而有时候男方甚至是冒着生命危险结婚的。东汉泰山太守应劭在其《风俗通》中记载："汝南张妙会杜士。士家娶妇，酒后相戏，张妙缚杜士捶二十下，又悬足指，士遂死。"这里的新郎官杜士就在"打新郎"风俗中被活活打死了。北齐文宣帝高洋迎娶段昭仪，段氏的嫂子居然把高洋抓起来打了一顿，结果惹得高洋在婚后放话要杀了段氏的嫂子。

除了闹新郎，自然也有闹新娘。最早时候的闹新娘仅限于亲属围观新妇或者对之询问。例如，南朝齐时河东王娶名臣柳世隆的女儿，齐武帝萧赜居然特地带着群臣去围观新娘。《清俗纪闻》也记载："（合卺之后）此时，亦有母亲及亲戚中妇女姐妹等皆来房中谈话、饮酒之事。新娘不答话，诸事均由傍娘、养娘等代答。"不过围观已经算是非常轻的闹新娘了，东晋人葛洪的《抱朴子·外篇》中提及："俗见有戏妇之法，于稠众之中，亲属之前，问以丑言，责以慢对，其为鄙黩，不可忍论。或戚以

《清俗纪闻》，日·中川忠英辑，日·石崎融思绘

吉期 鼓樂待客

新人拜天地

合卺

楚挞，或系脚倒悬。酒客酗齿，不知限齐，到使有伤于流血，踒折支体者。"这大喜的日子，要是把新娘、新郎弄残疾，就不好了。

到了唐朝，亲迎时候又添加了两项风俗，那就是"堵门"和"障车"。女方在出门之前会梳妆打扮，却迟迟不出，这个时候男方需要前往催妆，或咏唱催妆诗，这就是堵门最早的雏形了，此时还未演变为我们所熟知的红包及答题。而后等到喜车去夫家的时候，夫家车队一路吹吹打打，沿途百姓则聚众阻拦车队前进，索要酒食。《唐会要》对此记载："多集徒侣，遮拥道路，留滞淹时，邀致财物，动逾万计，遂使障车礼觌，过于聘财。"也就是说，障车所花费的钱，很多时候甚至多于娶亲的聘礼。

宋朝之后，婚礼举办越发隆重，各种各样的婚俗也越来越多，贵族士大夫一场婚礼所花费之巨，往往是普通百姓无法想象的。根据《东京梦华录》记载，亲迎之前新人要布置新房，悬挂帐幔，铺设被褥，称为"铺房"；亲迎当天不再使用马车，而是用我们所熟知的花轿子去接新娘，等新娘妆成上轿之后，轿夫车夫随即坐地起价，需要"加钱"，称为"起担子"；待到男方家，男方亲戚再次拦门索要吉利钱和红包；接着旁边会有人拿着盛有谷物、豆子、果子以及混杂着金钱的立斗，让新娘在进门时挥洒，叫作"撒谷豆"；新娘进入新房坐在床上，即"坐富贵"；等宾客喝完酒后，会在中堂摆设床榻，上置椅子，请父母长辈依次上座饮酒，为"高堂"；祭祖拜堂结束之后，亲人拿出一对用彩线相连的酒杯，新郎、新娘相互敬饮，这便是从"合卺"演变而来的"交杯酒"。

其实看完宋朝的婚俗礼仪之后，就会发现当代的婚俗绝大部分是沿袭宋朝以降的，等到朱熹改"六礼"为"士昏三礼"、制定《家礼》的时候，自此明清两朝的婚俗基本上遵循《家礼》，并沿袭到当代。

古代女性要怎样才能离婚

　　婚姻，是每一个人人生中最为重大的事情之一。当然，婚姻并不只是结婚，同时还包括离婚。此篇我们主要来聊一聊在封建时期，一个女性如何才能合法地主动离婚，什么情况下她的离婚诉求才会得到官府的支持。

　　早在《周礼》中，我国就有明确且详细的婚姻记载。而关于离婚，《周礼·地官·媒氏》有"娶判妻……皆书之"的规定。宋人郑锷注："民有夫妻反目，至于仳离，已判而去。书之于版，记其离合之由也。"也就是说，在先秦时期婚嫁，不论离娶，都得有个文书凭证，相当于现在的《离婚证》了。从这条规定来看，如果夫妻协议离婚，双方都答应，官府对此也是允许的，即所谓的"和离"。

　　不过《周礼·地官·媒氏》并没有明确规定当时的女性是否

可以单方面主动提出离婚，但是从相关典籍的记载来看，她们是有这个权利的。例如，蔡穆侯的妹妹蔡姬嫁给齐桓公姜小白之后，由于一次戏水闹了矛盾，大怒的齐桓公便把蔡姬赶回了娘家。蔡姬委屈，蔡穆侯自然也是不悦，便直接让蔡姬改嫁了，结果"齐桓公闻而怒，兴师往伐"。显而易见，当时齐桓公姜小白并没有和蔡姬离婚，蔡姬完全是单方面撕毁了婚约，换到现在简直就是犯了重婚罪了。

不过这个例子严格来说倒也不能说明先秦女性拥有自由离婚的权利，因为蔡姬作为公主可不是普通女性，是拥有特权的权贵阶层。虽然封建时期我国历朝历代对女性离婚有诸多限制条件，但是贵族女性相对来说却自由很多，皇室女性改嫁更是屡见不鲜。即便除去因丈夫死去守寡而三次改嫁，最终嫁给汉朝著名将领卫青的平阳公主以外，也还有两度改嫁的宋国公主和广宁公主。宋国公主的第一任丈夫叫作温西华，他们有个孙子是"花间词派"鼻祖温庭筠。广宁公主第一任丈夫是程咬金的玄孙程昌胤，因其骑马时不小心被杨家奴仆挥鞭至衣袖，公主坠马，连累程昌胤被唐玄宗李隆基停官，广宁公主由此改嫁苏克贞。

当然，这是题外话，不过就此我们也明确一个定性，那就是我们谈古代女性的离婚自由，一般只涉及普通女性。

既然如此，先秦有普通女性主动离婚的案例吗？根据《史记》记载，齐国丞相晏婴有个车夫叫作吕成，为人傲慢，其妻见自己老公一副朽木不可雕的样子，便威胁吕成要和他离婚。吕成听完之后大惊失色，自此兢兢业业，踏踏实实，终成齐国大夫。虽然吕妻最后没有离开其丈夫，但也说明了先秦时期普通女性是有主动离婚权利的。

总体来说，先秦时期，主动离婚的女性还属于少数。可进入汉代之后，女性主动离婚的权利被剥夺长达千年之久，甚至明文写入律法之中。实际上《周礼》中就规定了丈夫有七条休妻的理由，即"七去"。而到了汉代的《大戴礼记·本命》则将这"七去"写进了"婚姻法"里面，即"妇有七去：不顺父母，去；无子，去；淫，去；妒，去；有恶疾，去；多言，去；盗窃，去"。除此之外，还有"三不去"："妇有三不去：有所取无所归不去；与更三年丧不去；前贫贱后富贵不去。"

由此可见，在当时的婚姻关系中，女性主动离婚根本无从谈起。在汉代，就女性而言，唯一值得欣慰的是，如果丈夫去世的话，女性还是可以自由再嫁的。例如，东汉才女蔡文姬先是嫁给卫仲道，卫仲道因病去世之后，由于看不惯婆家人的白眼，蔡文姬毅然回到了娘家；又被匈奴掳走，成为左贤王的妻子后，曹操"乃遣使者以金璧赎之，而重嫁于（董）祀"。蔡文姬一生三嫁，却依旧可以入选《后汉书·烈女传》，且不受任何限制，可见汉代女性相较于后世所提倡的"从一而终，贞洁烈妇"

思想是具有相当先进性的。而公主等权贵女性在守寡后改嫁，更是稀松平常的事。

到了唐朝，由于社会风气开放，女性意识逐渐觉醒，时常会发生女性主动要求离婚的案件。例如，唐人范摅的《云溪友议》就记载了江右秀才杨志坚由于嗜学而家贫，妻子王氏遂向杨志坚讨要休书，后者无奈应允并写下《送妻》一诗。

诗曰："平生志业在琴诗，头上如今有二丝。渔父尚知溪谷暗，山妻不信出身迟。荆钗任意撩新鬓，明镜从他别画眉。今日便同行路客，相逢即是下山时。"

王氏得到杨志坚的休书之后，便兴高采烈地到官府请求离婚，时任州官颜真卿认为王氏"嫌贫爱富，污辱乡闾，伤风败俗"，便判打其二十大板，再许改嫁。同时，官府将此事公之于众，令江右妇女引以为戒。

事实上，从这则案例来看，唐朝的女性还是无法向官府主动申请离婚的，王氏也必须得到杨志坚的休书之后，才能正式离婚，而且还为此受了二十大板。同时在《唐律疏议》上就明确规定了女性主动"离婚"的代价：犯了"义绝"之后就要强制离婚，不离婚得坐牢一年。如果妻或者妾擅自逃走的，坐牢两年；不仅离家出走了，还改嫁了的，刑罚加重。

在这里，唐朝"婚姻法"新增加了一个名词，叫作"义绝"。所谓"义绝"，指夫妻间或夫妻双方亲属间或夫妻一方对他方亲属若有殴、骂、杀、伤、奸等行为，就视为夫妻恩断义绝。不论双方是否同意离婚，均由官府审断，并强制离异，也就是现在所说的家暴。

那很多人就会觉得唐朝对女性保护真的很完善，家暴了就强制离婚。那就理解错了，其实所谓的"义绝"是极其不平等的。唐律规定，女方只要是对男方及其亲属有任何故意伤害行为，即使没有造成实质性伤害，都可以判"义绝"；而男方除非是犯了殴杀女方及其至亲亲属，或者是贩卖女方这种罪大恶极的事情，不然都不构成"义绝"，也就是俗话说的把你打死了，你才能离婚。至于妻子不经过丈夫同意就擅自离家出走或者改嫁的，都将面临刑罚。而且，女方领受刑罚后，往往还是得回到夫家。

不过，如果男女双方协商好、无任何争议的情况下，是允许离婚的。《唐律·户婚下》就有"若夫妻不相安谐而和离者，不坐"的规定。即如果是"和离"的话，女方并不会因此受到刑罚。

例如，1900年考古学家曾在敦煌莫高窟中发现12封唐人的《放妻书》，也就是离婚证明，其中被誉为最美离婚书的《赵宗敏谨立休放妻书》一文中，便有"既以二心不同，难归一意，快会及诸亲，以求一别，物色书之，各还本道。愿妻娘子相离之后，重梳蝉鬓，美扫蛾眉，巧逞窈窕之姿，选聘高官之主，弄影庭前，美效琴瑟合韵之态。解怨释结，更莫相憎；一别两宽，各生欢喜。

三年衣粮，便献柔仪。伏愿娘子千秋万岁。于时某年某月某日某乡谨立此书"的句子。虽然主视角还是男性，但在封建社会来说，已经算是一种先进了。

宋朝其实比唐朝更先进。很多人一直以为宋朝作为程朱理学的起源和高峰，女性的地位一定非常低。实则单从"婚姻法"来说，宋朝女性的地位恐怕是历代封建王朝中最高的。这是因为宋代的女性终于可以在男方不同意离婚的情况下主动离婚了，并且这种离婚诉求合法合理，不仅社会认可，在法律上也是被准许的。

李廌的《师友谈记》中记载了这么一个故事："章元弼顷娶中表陈氏，甚端丽。元弼貌寝陋，嗜学。初，《眉山集》有雕本，元弼得之也，观忘寐。陈氏有言，遂求去，元弼出之。"

说是章元弼娶了个漂亮老婆陈氏，万万没想到婚后章元弼对苏轼的《眉山集》入迷，竟然冷落了新婚的美娇妻。陈氏这可看不下去了：老娘不嫌弃你丑，结果你却觉得老娘还没一本书吸引人，那日子还过啥？于是便主动和章元弼离了婚。

再如，宋人王彦龄本是元祐朝的名流贵介，当朝宰相之弟，结果"以醉骂妇翁，与妇离婚"。也就是说，他喝醉酒骂了老丈人，老婆一听，居然连我爹都骂，于是主动离婚。还有宋人郑绅，因办事不利丢了公务员的职务，没收入后穷困潦倒，于是"妻弃去适他人"。

对比唐朝那个拿了休妻书还以败坏风气为名被打了二十大板的王氏，宋朝女性的待遇算是很好了的。这是因为宋朝在法律上就准许女性主动离婚，而且《宋刑统》还规定，假如男方去世，女性也可以离婚改嫁；男方犯了流放之罪，女方同样能无条件择夫另嫁。

例如，宋哲宗八年诏，"女居父母及夫丧而贫乏不能自存，并听百日外嫁娶"。也就是说，如果女性因死了丈夫经济难以为继的，政府鼓励你再行婚配。

历代统治者出于不浪费生育资源、增加人口的考虑，基本都提倡寡妇再嫁。如我们之前说的汉朝蔡文姬，再如隋开皇十六年（596年）文帝杨坚下诏"官员九品以上夫亡妻不许改嫁，五品以上夫亡妾不许改嫁"，由此看来隋朝普通妇女在丈夫去世之后也是可以改嫁的。只是对官员来说，因为妻子的诰命封号往往来源于丈夫，所以即便守寡也无法改嫁。

再比如，唐太宗曾下诏"男年二十，女年十五以上，及妻丧达制之后，孀居丧服已出，必须申请婚媾，令其合好"。也就是说，男子20岁以上，女子15岁以上，死了伴侣过了丧期之后，必须再进行婚配。这是因为在古代国力强盛与否和人口数量息息相关，所以不能浪费社会生育资源，与女性地位高低倒是毫无关系了。

相比前朝，宋朝对于改嫁的规定不仅宽松许多，甚至在很多方面都会主动去维护女方的利益。例如，宋《名公书判清明集》记载："夫出外三年不归，听妻改嫁。"《庆元条法事类》规定："被夫同居亲强奸，虽未成，而妻愿离者，听。"如果丈夫三年外出不归就可以改嫁；被丈夫的亲戚强奸，哪怕未遂，如果女方想要离婚，官府也得支持。

虽然宋朝女性地位毫无疑问是我国封建时期最高的，但是正常情况下离婚并不是没有代价的。《宋刑统》就规定，女性可以在男方不同意离婚的前提下主动提出离婚，也就是协议离婚失败后，也可以诉讼离婚，可诉讼离婚的条件是女性要因此坐两年牢，理由是女性到公堂去诉讼离婚属于对丈夫的"不忠"。

这里有个众所周知的案例就是南宋大诗人李清照。李清照南下临安之后嫁给了张汝舟，结果却发现张汝舟不过是贪图李清照前夫赵明诚留给她的遗产，而且张汝舟还是个家暴男。为此，李清照搜集了张汝舟以前科考作弊的证据，以丈夫品行不端为由向官府诉讼离婚，并得到了支持。但是李清照却要因此面临两年的监禁，不过好在李清照是个大名人，最后通过走关系的方式仅象征性关了几天就被放出来了。

但公允来说，这种事基本也只发生在权贵女性身上，平民女性真想在男方不同意离婚的前提下成功离婚，难度还是非常大的。可即便如此，宋朝的女性还是相当受法律保护的，以至于连《元典章》卷十八都记载："从宋到元，妇女夫亡守节者甚少，改嫁者历历有之。"

到了明清时期，女性又面临着无权在男方不同意离婚的情况下解除婚约的境况。《大明律·户律》中规定女方可以主动改嫁的情况只有三种：一、男方去世；二、订婚五年男方无故不娶及逃亡过三年不归；三、男女犯奸盗者，听其别娶别嫁。而《大清律例·户律》和《大明律·户律》如出一辙，两者并无多大差异。对女性可以在男性不同意离婚的情况下还能主动提出离婚的条件亦只有一条，"男子有犯，听女别嫁"。同时，它们又延续了汉朝"七出三不去"的婚姻法则，甚至《大明律》还规定，一旦女子犯错，连"三不去"都不再适用。

那很多人就会好奇，程朱理学明明是宋朝开始的，为何明清女性地位却比宋朝还低？这是因为程朱理学虽然启于宋，却发扬于明清。总而言之，封建时期的"婚姻法"一方面必须遵照《周易》中"妇女贞节，从一而终"所沿袭下来的各项规定，另一方面又考虑当时的社会情况。例如，鼓励寡妇再嫁以提高生育率。

只是随着"忠臣不事两国，烈女不更二夫，故一与之醮，终身不移，男可重婚，女无再适"的文化深入人心，女性想要在古代主动离婚，无疑十分困难。毕竟，封建社会的核心，还是那句话："忠臣不事二君。"

在这点上，作为近代婚姻法的鼻祖，西方的婚姻法也经历了不同时期的不同状况。在古罗马共和国早期，有别于我国古代婚姻法中的一夫多妻（也可以说一夫一妻多妾）制，古罗马人为了血统的纯正严格实行一夫一妻制。当然，再严格的婚姻制度，也不能完全阻止男性去找年轻貌美的情妇或者小妾。对此，古罗马人的应对的办法是剥夺非婚生子女的继承权，例如古罗马共和国恺撒大帝和情妇埃及艳后克利奥帕特拉七世的儿子恺撒里昂就没有继承古罗马共和国领土的权利，在这方面其继承权还不如恺撒的养子屋大维。

这同时也表明古罗马妇女和封建时期的中国女性一样，在社会中不具备任何权利，她们的婚姻由家长包办，在结婚之后还得对丈夫言听计从，连离婚权也掌握在丈夫手中。这是因为古罗马早期讲究"夫权"，它的来源则是古罗马的"父权"，也就是丈夫拥有对妻子一切的支配权力，正如父亲对他的子女一样。

例如，古罗马在公元前451年通过的《十二铜表法》中就规定，妻子不得抛弃丈夫；可如果妻子有无法生育、毒死子女、与人通奸、仿造丈夫的钥匙等重大过失行为，丈夫就可以休妻。妻子年老色衰，也很容易被丈夫所抛弃，古罗马帝国初期讽刺诗人朱维纳就有一首歌是这么唱的："你会发现他爱的是美丽，而不是妻子本人，但是皱纹爬上她的额头……卷起你的杂物，夫人，走吧！而且，快点，快点，这里不欢迎你了。"

然而，随着古罗马开始吞并欧洲并迅速崛起，受经济富足以及平等思想的影响，古罗马女性逐渐脱离了"夫权"的管理，妻子不再受丈夫或者丈夫家庭的管辖，甚至在地位上已经和丈夫平起平坐了。在这种情况下，离婚不再是耻辱；反之，维持一段没有感情的婚姻会被人看不起，女性自然就拥有了离婚自由的权利。一位古罗马晚期的诗人就曾写诗讽刺道："她在这个家里俨然是王后，可是她很快就扔下国王，改换门庭，重当新娘……五个春秋嫁了八个丈夫，这成绩不可低估，该镌刻在她的墓碑上。"我们把它称为无父权婚姻。

不过随着基督教对欧洲的影响，中世纪时期女性又面临了无法离婚的情况，只是这时候不仅是女性，男性也不得无故离婚。这是因为教会认为婚姻是神圣的，甚至都没有"离婚"一词，除非一方死亡，否则无论是谁都无法享受再婚权。即"合法婚姻不可解除"，也叫作"禁止离婚主义"。

随着文艺复兴的兴起，从18世纪开始，西方各国在婚姻法上纷纷走上了近代化历程，"禁止离婚主义"也被大家摒弃了，取而代之的是"过错主义"离婚原则，即一方当事人有过错，另一方就可以申请离婚。随后直到1907年《瑞士民法典》的推出，才有"双方配偶因特殊原因均无法继续维持婚姻共同生活"就可以申请离婚的规定，由此成为现代"破裂离婚主义"的先河。

古人是如何取名字的

　　我国自古以来被誉为礼仪之邦，而礼仪最基本的体现莫过于对他人的称呼。例如，我们评价一个别人家的小孩是否有教养的时候，首先会听他对别人的称呼。不过在当下社会中，通过称谓来表示敬重并不是一件难题，无非是姓再加一个符合其身份的敬称，可以是职业，也可以只是简单的"先生""小姐"。而在同辈、同级的朋友之间，我们即便直呼其名也不会被视为一件太过冒犯的事情。

　　但是这种做法放在古代就行不通了。在古代，一个人有姓、有氏、有字、有号、有宗族排名，帝王更是有庙号、谥号、尊号。如果你直呼他人名字，轻则可能引起对方与你割袍断义，如果对方是某位大人物，更可能落得个大不敬之罪。所以在古代如何正确地称呼他人，是一门学问。

在说古代应该怎么正确地称呼他人之前，我们当然是先要来了解古人的各种称呼，也就是他们的名字是怎么来的，有什么含义。当我们想要称呼一个人的时候，首先询问的一定是对方的姓，那姓又是怎么出现的呢？东汉人许慎的《说文解字》说："姓，人所生也，从女、生，生亦声"；班固的《白虎通德论》卷九曰："姓者，生也，人禀天气所以生者也。"也就是说，和现在姓随父方的习惯相反的是，中国古代最早的姓是跟随自己的母亲的。因为在上古的母系社会时期，孩子只能确定自己的母亲是谁，父亲到底是哪个可能连母亲自己都不知道（类似于一些少数民族地区的走婚制度），所以大家纷纷都跟着自己的母亲姓。因此不少古姓如姜、姬、姚、姒、妫都带着"女"字旁，也正说明了这种情况的存在。不过这里值得注意的是，最早的姓同时也是该部落的族号，也就是说，最早的时候古人是以自己部族族号为姓的。

最早的部族内部关系和现在的家庭基本差不多，对外称呼时直接报个姓就完事，内部则根据长幼、亲属关系来称呼就行了。但是随着部族人员的增多，关系一乱，彼此之间就开始分不清了，于是这个时候"氏"开始出现，以表示自己所在部族内的分支称号，并逐渐形成一个新的部族。例如，我国最早的古姓之一"子"，最早是从商朝的祖先契开始的，后来随着契的族群越来越多，特别是成汤建商朝后又衍生出殷（依、燕、颖）、祖、武、苑、邓、侯、郝、彭、丁、汤、沃、庚、乙、瞿、稚、萧等姓氏；而商亡后太丁后裔派生出的姓氏有宋、钟、孔、林、戴、牛、穆、邹、褚、谈、时、宗、晏、乐、庄等。后来宋太祖赵匡胤继位，因避赵匡胤父亲赵弘殷的名讳，殷氏族人皆改姓氏为汤氏、商氏、戴氏、林氏等。也就是如今姓这些的人，往上追溯实际上都是同一个祖先。

但是这里我们需要注意的是，先秦时期姓和氏还没有合一，氏除了代表姓里面的分支以外，主要有三大来源，分别是祖先名、地名和身份。最为典型的例子如郑穆公姬兰有七个儿子，子良、子罕、子驷、子印、子国、子有和子丰，他们都是"姬姓郑氏"，最后又演化出良、罕、驷、印、国、有、丰七姓。再例如，秦国和赵国的祖先伯益，因助大禹治水有功而被赐姓嬴，他的后代中有个叫作造父的人，因为给周天子赶马车赶得又稳又快，被周天子封到了赵国，于是其后代就被称为嬴姓赵氏。而源自身份（官职）的则如司徒、司马、东门、南郭等。

那姓和氏之间到底有什么区别，先秦时候应该怎么称呼他人呢？南宋人郑樵在《通志》里说："男子称氏，妇人称姓。氏所以别贵贱，贵者有氏，故姓可呼为氏，氏不可呼为姓。姓所以别婚姻，故有同姓、异姓、庶姓之别。氏同姓不同者，婚姻可通。姓同氏不同者，婚姻不可通。"这段话可以说把姓和氏的区别解释得非常清楚了，我们称呼男性时一般叫其氏，如周朝开国元勋姜子牙，他姜姓，吕氏，名尚，字子牙，号飞熊，史称太公望。假如有一天你穿越到商末周初，哪怕不叫他太公望，也得称呼他为吕尚或者吕望，而姜子牙实在是后世的习惯称呼。

先秦时期男子排行称为"伯（孟）、仲、叔、季"，其中"伯"和"孟"的意思一样，都是家中老大，只是"伯"是嫡子，"孟"一般为女性或者庶出。例如，孔子是子姓，孔氏，名丘，字仲尼，人称孔丘或者孔仲尼，这里面的"仲"就是老二的意思，因为他有个同父异母的哥哥叫作孟皮，孟皮为啥不叫伯皮呢？就是因为孟皮的母亲是侧室。

周文王姬昌的嫡长子伯邑考，他是姬姓，名考，但是世人称之为伯邑考，就是正室所生的老大。而姬昌的儿子里面除了有特殊名号的周武王姬发和四子周公旦以外，分别是三子管叔鲜、五子蔡叔度……九子叫作康叔封，等到十子，即老小的时候就叫作冉季载。再例如，哭长城的孟姜女，意思就是姜姓长女，不过这是未出嫁之前，等到嫁人之后，有的选择冠娘家的国名加姓的，如齐姜、秦嬴等；也有的选择冠夫家的国名加自己姓，如息妫、江芈等；如果配偶并不是国君，只是卿大夫，则是在姓上冠以夫家之名，如赵姬、孔姬等。当然，在古代称呼妇女也可以直接姓加氏，如武姜又被称为姜氏，敬嬴又被称为嬴氏等。

当姓和氏并存的时候，如何才能正确地称呼他人确实是一件比较麻烦的事情，好在这种时期持续并不长，等到秦朝之后我国的姓和氏就开始逐渐统一了。姓和氏的功能统一，导致了后代姓的演化主要依据父系进行代际身份信息传递，这个时候才真正出现了父亲姓什么子女就姓什么的情况。也是因此，氏开始变少，新增加的姓自然也就变少了，这也导致我国上下五千年的历史，至今十几亿人口，见于文献的姓氏也不过5662个，常见的百家姓更不过寥寥504个。如果一直按照先秦时期的演化，那么我国的姓氏如今得以数十万计了。

说完姓，我们再来谈谈名的情况。《说文解字》说："名，自命也。从口夕，夕者，冥也，冥不相见，故以口自名。"意思是，名是自己取的。起因是黄昏后天色太黑彼此不能相认，人们遂以代号称呼，便有了名。而在《礼记》中关于名是这么说的："婚生三月而加名"，新生儿在出生三个月后由其父亲取名，又"男子二十，冠而字……（女子）十五许嫁，笄而字"，父亲在男子20岁和女子15岁以后还要给他（她）取"字"。

名和字当然也不是瞎取的，名有特定的含义，或是寄予美好的愿望或是品行表达，而字则往往作为名的解释和补充，或者互相表里，互相映衬，所以字也被称为表字。如屈原，名平，字原，《尔雅·释地》解释"广平曰原"；曾巩，字子固，"巩"和"固"都是坚固的意思；曹操，字孟德，"孟"前文已经提及是老大的意思，德就是表明其品行。

那当一个人有名又有字，我们应该如何称呼呢？《仪礼·士冠礼》对此解释说："冠而字之，敬其名也。自谦称名，他人则称字也。"也就是说，古人自称用名，称呼别人则称其字。例如，赤壁之战时，曹操和关羽在华容道对峙，程昱说的是："某素知云长傲上而不忍下，欺强而不凌弱。""云长"就是关羽的字。轮到曹操时，他对关羽说："曹操兵败势危，到此无路，望将军以昔日之情为重。"这里就是自称的时候就说自己的名，称他人则称字。

除了名和字以外，大家非常熟悉的当属唐宋名士的自号。号，又称别号，早在春秋战国时期就有了，如鬼谷子；南北朝时期，越来越多的名士开始给自己取别号，如陶渊明自号五柳先生；等到唐宋时期，给自己取号的事就成为了一股社会潮流。因为别号是自己取的，和名以及字都没有什么大的关联，自己怎么开心怎么取，所以别号一般反映了个人的志向和情趣，如欧阳修号六一居士，即一万卷书、一千卷古金石文、一张琴、一局棋、一壶酒、本人一老翁，六个"一"字；如李白号青莲居士，青莲是佛理名词，有清净无染之意。所以当一个人有别号的时候，称呼其号也算是对对方的一种尊敬，一个人有字有号的情况下甚至往往是称呼其号的。例如，陆游字务观，别号放翁，人称陆放翁；苏轼字子瞻、和仲，号铁冠道人、东坡居士，世称苏东坡。这里苏轼就有两个别号，实际上，有三个别号的古人也大有人在，称呼的时候取其一即可。

唐宋的时候有人觉得称字称号还不够尊重，于是有称其爵（官职）的，还有称地望的（出生地）。例如，杜甫做过工部员外郎和右拾遗，人称杜工部或右拾遗；寇准封莱国公，亦以此称之，这就类似叫现在"某科长""某主任"；王安石是抚州临川人，有人就称之为王临川。除此以外，也有以家族排行相称的，白居易被称为白二十一，李绅被称为李二十侍郎，后者就是家族排行和官职一起称呼。

我国古代称谓中最为特殊的是帝王、诸侯和大夫。享有盛名的官员在去世之后朝廷会根据其生平赐予谥号。谥号一般是死者生前事迹和品德的概括。例如，汉武帝刘彻的谥号就是武，是以彰显其大破匈奴，平定闽越、南越之功；司马光去世之后被赐谥号文正，是为文臣最高级别和最高荣誉。帝王在去世之后除了谥号，还有表示其身份的庙号，如太祖、太宗、世宗等，这里尤其要注意的是，这些都是人死后别人给加的，刘彻不可能活着的时候就说我汉武帝刘彻。而庙号和谥号也是加一起的，如刘彻就是世宗武皇帝。还有就是称呼帝王的时候也会以年号称之。例如，明世宗朱厚熜年号嘉靖，称之为嘉靖帝；清高宗爱新觉罗·弘历年号乾隆，称之为乾隆帝等。

到了唐武后中宗时期，我国古代帝王称呼中又多了一项尊号，这个是生前加上的。例如，唐玄宗李隆基在开元二十七年

（739年）受尊号"开元圣文神武皇帝"，尊号可以一生加受多次，皆是尊崇褒美之词。

极为有意思的是，与我们对帝王总是给一堆尊崇褒美之词完全相反，中世纪欧洲人往往会给自己的君主或者贵族取"矮矬丑"的绰号。例如，西班牙哈布斯堡王朝的国王卡洛斯二世，因为举止怪异，患有癫痫，结果实诚的欧洲人给其取绰号"中魔者"；法兰克王国加洛林王朝的开国君主丕平，按中国的怎么说也是太祖、高祖，但是由于其个子矮，被国民取绰号"矮子丕平"。正如中国的帝王总是喜欢给自己加很多个响亮的尊号一样，中世纪的君主也往往不止一个绰号。例如，英国金雀花王朝的爱德华一世，就有"英格兰的查士丁尼""苏格兰人之锤""伟大的世界之矛"等还算可以的绰号，但是世人最记得住的，还是他那个最接地气的绰号"长腿爱德华"。

实际上欧洲人也并不是一开始就这么称呼自己君主的，如古罗马共和国独裁官盖乌斯·尤利乌斯·恺撒，恺撒即其家族名，也是其先祖的绰号，意思是"大象"；击败汉尼拔的古罗马名将西庇阿绰号为"非洲征服者"。结果西罗马帝国被日耳曼人所灭，与前者相比，日耳曼人的蛮族文化显然不是那么精致，甚至国王是个文盲都不算啥稀奇的事情，再加上欧洲君主的权威性并没有中国封建时期帝王这么高，被百姓取"矮矬丑"的绰号就不足为奇了。等到中世纪后期，欧洲君主权力日益集中，文化也有显著的提高之后，此类的绰号就越来越少了。

欧洲的取名情况跟我国古代差别不太大。古罗马时期的贵族取名极其复杂，分为本名、氏族名、家族名。在有些用法中，还会冠以父名和部落名。其中家族名多取自该家族某位始祖的绰号。再拿盖乌斯·尤利乌斯·恺撒举例，盖乌斯是其名字，尤利乌斯是其氏族名，恺撒是家族名。其中第三部分的家族名，一般是显赫贵族才有的，普通贵族实际上也只有前面两部分。相对而言，古罗马的女性就简单多了，用氏族名的阴性形式来表达，恺撒家族的所有女性都叫尤利娅。如果正式场合家族不止一位女性参加，介绍时就编号，名字后再加数字。

等到西罗马灭亡之后，欧洲人取名就简单多了，大致和我国古代差不多：第一是跟随父姓；第二是某地的某某，即以封地为姓；第三以职业为姓，如铁匠，就用铁匠的英文名词 Smith 为姓。

许多人都对日本的姓氏来源感兴趣。古代的日本平民是没有姓和氏的，因为对当时的日本人来说，姓氏是那种有头有脸的大人物才配拥有的身份象征。例如，日本鼎鼎大名的五摄家，前两大摄为近卫氏、九条氏，后三大摄家为鹰司氏、二条氏、一条氏。还有以官职为氏的。例如，主管祭祀的部门叫作忌部，所以该家族就被称为忌部氏。

与中国的姓在前、氏作为分支来辨认相反的是，日本是氏在前，姓才是分支。例如，藤原北家是藤原氏的藤原四家之一（南家、北家、式家、京家）所分出来的。飞鸟时代的天武天皇颁布了"八色姓"制度，既"真人、朝臣、宿祢、忌寸、道师、臣、连、稻置"，越在前面则代表着和皇室的关系越好。所以在古代日本，一个有氏又有姓的人，绝对是了不起的大人物。

在10世纪左右，日本人还创造出了苗字。比如，一个人叫作"藤原朝臣九条兼实"，藤原是氏，朝臣是姓，九条氏是苗字，兼实是名；再比如，"藤源朝臣武田大膳大夫晴信入道德荣轩信玄"，藤源是氏，朝臣是姓，武田是苗字，大膳大夫是官职（御厨），晴信是名，入道表示出家，德荣轩是轩号，信玄是法号。这样看来，还是我国古代的名字更简单。

日本那些非常接地气的姓又是怎么来的呢？明治三年（1870年），日本政府为了体现人人均等的理念，下令原本没有姓的百姓都要取姓。但百姓已经适应的了没有姓的生活，所以对取姓这件事并不在意。

头疼的日本政府在明治八年（1875年）下令所有国民必须要有姓。百姓识字的不多，这对他们来讲是一件难事，于是大家都开始了苦思冥想。一个人说，我家住在山下，那么我就姓山下吧；一个人说，我喜欢白鸟和它的寓意，那就姓白鸟吧；又有一户家里是宗教人士的，于是便取名叫作小野寺。这才有了我们看来非常接地气的各种日本姓名。

总之，取名字是一门很深的学问，如何称呼别人，则是一个人文明和礼貌的体现。

古人在穿戴上有哪些规矩

如果我们来到工地，会发现这里有一个特别之处，那就是我们可以通过衣着穿戴来判断这里的工作人员的身份。比如，身穿蓝色的工服、头戴黄色安全帽的大多是劳务农民工；衣服稍微整洁一点、头戴蓝色安全帽的大多是技术人员或者担任管理职务的现场施工员；衣着比较正式、鞋子干干净净的、头戴红色安全帽的，一般是具有一定职位的中高层管理人员；而戴着白色安全帽的，不是整个项目的高层领导、老板，就是偶尔巡视的政府官员，每每出现在工地上都会出现前后簇拥的现象。

利用穿戴来区分职务、工种，一方面利于管理，但另一方面也导致阶层分化愈演愈烈。而在封建时代，统治者们更是用衣冠"昭名分，辨等威"，儒家美其名曰"约之以礼"，提倡"冠弁衣裳，黼黻文章，雕琢刻镂，皆有等差"。服饰等级成为了封建礼教中极其重要的一环，那古人在穿戴上到底有哪些不可逾越的规矩呢？

根据《通鉴·外纪》记载："帝始作冕垂旒，充纩，玄衣黄裳，以象天地之正色，旁观翠翟草木之花，变为五色为文章而著于器服，以表贵贱，于是衮冕衣裳之制兴。"这里的帝就是指黄帝。显而易见的是，将衮冕制度以及颜色区分贵贱附会到黄帝身上，是假借黄帝老人家的权威。作为当时还生活在新石器晚期的人物，当时的人类刚刚摆脱兽皮裹身，过上有粗麻布蔽体的日子，就此制定一套服饰制度，还能染"五色"，太违背常理了。

话又说回来，虽然当时并没有制定严格的服饰制度，但是奴隶、平民以及贵族之间，还是有非常醒目的穿戴区别的。例如，在良渚文化中，贵族墓葬中会出现大量的玉石配饰、陶罐以及象牙，这说明他们平时也佩玉在身上；而河南安阳四盘磨村出土的商朝玉雕陶俑，则给我们展示了一个个头戴扁帽、身穿右衽交领衣、下穿裙裳、腰间束带的贵族和身穿麻布或者葛布衣裳的平民，而手上戴梏的，则显然是奴隶。

不过这个时候由于受生产能力的制约，贵族和贵族之间的差异很小，无法从穿戴上准确判断出一个人到底是王族还是地位更次的权贵。等到周朝建立之后，随着丝织品质量的提高以及周礼浪潮和社会阶层区别越来越明显，周朝的统治阶层制定出我国第一套严格的服饰制度。《周礼·春官》中说，帝王在不同的场合需要穿不同的衣冠，公、侯、伯、子、男、卿士也有不同的穿戴要求。例如，天子、诸侯、大夫在祭祀的时候必须头戴冕，身穿冕服；而在细节上，天子冠冕上的旒为12道，诸侯9道，上大夫7道，下大夫5道。天子的冕服为玄衣纁裳，上绣绘十二章纹，分别是日、月、星辰、山、龙、华虫、宗彝、藻、火、粉米、黼、黻，公爵的衣裳为九章纹；侯、伯是七章纹，子、男为五章纹。

除此以外，即便是颜色也有着严格的等级制度：天子穿白衣，诸侯、大夫穿玄衣；天子、诸侯为朱裳，诸侯为素裳，上士为玄裳，中士为黄裳，下士为杂裳。甚至连腰间的束带，也有着等级区分，天子纯朱色，诸侯黄朱色，大夫赤色。

周朝制定如此详细的服饰等级制度，用服饰穿戴来契合社会阶层，这在天子服饰上有着更为明显的体现。例如，冕最上面的那块板子叫作延，其形状是前圆后方，象征着天圆地方，颜色上黑下红，亦是天地的象征；而冕服上的十二章纹，则和江山社稷甚至天命相关。

我们了解古人的生活，不仅是想了解他们穿什么、吃什么，更想了解他们为什么这么穿、这么吃。周朝统治者建立服饰等级制度，不仅仅是凭借自己的喜好来定尊卑贵贱，其背后有着相当的政治性和哲学意味，这也是服饰制度可以在封建时期一直延续并长盛不衰的原因。更通俗地说，周朝在设置服饰制度的这一刻，就让它具备了生命，以至于后世王朝只要奉行"君权神授"，就无法脱离这个框架。致力恢复周礼的孔子就说"行夏之时，乘殷之辂，服周之冕"，从表面上看这句话直译就是"行夏历，乘殷车，戴周冕就可算作治国之道"，这么一说可谓前因后果牛头不对马嘴，但实际上孔子的意思就是社会秩序的稳定、统治的稳定，需要遵循人为所安排的各种礼仪规章制度，即一句老话："无规矩不成方圆。"

随着东周末年周天子威严下降，诸侯并起，周朝当初制定的礼仪遭到破坏，诸侯逾越本位，肆无忌惮地身着天子冕服成为常态。等到秦始皇一统天下之后，秦朝还未来得及制定系统的服饰制度就走向了灭亡，所以当时的古人穿戴只是大致守制在一定范围内。例如，《国语》载："秦始皇制，三品以上，绿袍深衣，庶人白袍，皆以绢为之。"根据"五德始终"学说，秦朝为水德，对应颜色是为黑色，所以黑色在秦朝是帝王祭服的专属颜色，除去普通人的白色，其他阶层都是五色并用，并没有限制。

到了汉朝之后，政权稳固，天下太平，在穿戴上用来区分等级的主要有两样，一是冠，二是绶。所谓冠，就是帽子。东汉末年刘熙所作的《释名》中就说"二十成人，士冠，庶人巾。"可见在汉朝只有士以上的人才可以戴帽子，平民百姓则只能用布来包头。而根据《续汉书·舆服志下》的记载，汉朝的冠多达二三十种，其中最主要有冕冠、长冠、委貌冠、通天冠、高山冠、进贤冠、法冠（獬豸冠）、武冠（鹖冠）、建华冠、方山冠、巧士冠、却非冠、却敌冠、樊哙冠、术氏冠等，什么身份戴什么帽子，基本是一目了然。例如，带法冠的是执法相关官员，戴武冠的则是武将出身。

需要注意的是，服饰制度可以向下兼容，却不能向上延伸。例如，当时许多名士为了表示自己的清高，也会戴巾；许多官员在冠的里面都会先衬一巾帻，并且居家的时候大多也是戴巾帻，只有执行公务时才戴冠。但如果你是一个平民，你戴上一顶冠，那就是违法的事情了。

而绶，是古人用来佩玉或者官印的丝绸。汉朝的佩绶制度是其服饰制度中最具特点的一点，《后汉书·舆服志》有"古者君臣佩玉，尊卑有度；上有韨，贵贱有殊。佩，所以章德，服之衷也……韨佩既废，秦乃以采组连结于璲，光明章表，转相结受，故谓之绶"的说法，所以官员平时在袍服外必须佩挂组绶，并随身携带官印，以彰显自己的官职。例如，当时就规定，帝王用黄赤绶，四采，黄赤缥绀，淳黄圭，长二丈九尺九寸，五百首；诸侯赤绶，四采，赤黄缥绀，淳赤圭，长二丈一尺，三百首；贵人、相国绿绶，三采，绿紫绀，淳绿圭，长二丈一尺，二百四十首。这里的首是经丝密度单位，可见绶的等级十分严格，从尺度到色彩、织纹，几乎是全方位的。

等到魏晋南北朝时，此时的北方被胡人统治，除了北魏孝文帝改革汉化期间短暂恢复了冠冕制度以外，其余时间百姓都可以自由穿戴。不过在那个社会动荡、政权朝夕更迭的时代，对于百姓来说有没有得穿、穿不穿得暖才是最大的问题。

隋唐两代在恢复周礼的基础上，又进行了一些改变。例如，隋朝将紫色衫定为高级官员才允许穿的衣服，而唐朝从唐高宗总章元年（668年）开始将黄色定为只有统治者才可以使用的颜色，黄色的黄袍制度也是由此开始。唐朝还有一个极具特色的服饰制度就是鱼袋，由于"鲤"字谐音"李"，鱼袋就成了高级官员和皇亲国戚特有的配饰，其中三品以上官员准许佩戴金鱼袋，四品和五品官员准许佩戴银鱼袋。

从隋朝开始一直到宋朝，在服饰颜色等级上，大体遵循一个原则，那就是除了帝王体系之外，最高级的为紫色，中层官员为绯色或者深绯，下层官员为绿色系衣服，普通百姓则是白色系。所以晚唐诗人韦庄有诗云："朱绂皆大夫，紫绶悉将军。"不过宋朝在自己的服饰制度上，也有两个很有意思的特点：一是穿绯、绿衣服达二十年，且历任无过的官员，考试成绩优异者可改授章服，也就是赐金鱼袋或者银鱼袋；二则是根据《宋史·舆服志》，当时官冠服制是以官职称分，而不是以品序分。例如，御史大夫、中丞、大理寺卿、少卿等，因为都是执法官，所以均佩戴獬豸冠，服青荷莲绶。当然，这仅仅只是穿戴的样式，不过确实算是一种进步。

很多人会认为元朝作为一个对华夏文明不怎么感冒的政权，肯定没啥服饰制度，况且元朝的皇帝不是一直都戴着"钹笠冠"这种样式奇特的白帽子吗？实际上恰恰相反，元朝有着自己的一套服饰制度，其严格程度可以说是超越历朝历代的，甚至到了荒谬的地位。比如，一位工匠是给皇帝做帽子的，那么他就永远只能给皇帝做帽子，给其他任何人做帽子都将面临杀头的重罪。而作为元朝服饰制度的标志，应该是官员袍服上的花朵了。当时规定一品朝服绣花种类为紫大独科花，花径五寸；二品为紫霄独科花，花径二寸；三品为散答花，无枝叶；从四品到七品为小杂花，七品以下则无花纹。而品阶都没有的当差人员，只许穿棕檀色或者其他暗色的衣服。而对于普通百姓来说，剩下几乎也没啥选择了。

朱元璋赶走蒙古人，建立元朝之后的第一件事就是恢复周礼，并结合汉代以降的汉家王朝服饰制度特点和自身特色制定了一套全新的汉服系统。例如，职官朝服延续周朝的冠冕衣裳，大典大礼时无论职位高低全部戴梁冠，穿赤罗衣裳；在服色上因为"朱"为"绯"，所以废除了紫色作为高阶官员服色，改为绯袍；而官员的补子纹样采取了"类同种不同"的方式，文官全部为飞禽，武官全部为走兽，如一品文官为仙鹤，二品文官为锦鸡，三品文官为孔雀；一品和二品武官均为狮子，三品和四品武官为虎豹。此外，不同品阶的官员在朝冠、带、绶、笏上均有区别。

清朝是我国最后一个封建王朝，由于其统治者为满族，他们为了自己的权威性自然坚守满制，全国开始剃发易服，从宽衣大袖的汉服一下变成了窄袖筒身、系有纽扣的满族特色服饰。不过清朝再如何变，作为封建王朝它就改不了"君权神授"的本质，所以清朝官服在全面满族化的基础上依旧保持了汉族冕服中的十二章纹饰，官员补之图案也借鉴明朝进行了部分修改，如一品武将从明朝的狮子改为了麒麟。除此以外，龙袍也是在清朝正式成为只限于皇帝的衣服，官员则以蟒为贵，而品阶不同，蟒爪和蟒数亦有不同。例如，一品到三品是五爪九蟒，四品到六品是四爪八蟒。

每朝每代都有属于本朝所独特的服饰制度。例如，唐朝首创的鱼袋、元朝的花，清朝则是箭衣。所谓箭衣，由满族早期狩猎和征战所穿的衣服改制而来，其特点是大襟，无领，窄袖，上加帔领。因袖口在射箭时有护手作用，而称作"箭袖"，又因形似马蹄而称作"马蹄袖"，也就是我们常在清宫戏里看到的那种衣服。当时规定，皇族宗亲和达官显贵的箭衣下身可以开四衩；普通官吏和士可以开两衩，普通平民则不准开衩。这一点有些令人费解，因为开衩以后更方便劳作，为何平民反而不准开衩？

我国古代的服饰制度是封建礼教的重要组成部分之一，一旦逾越就犯了杀头之罪，这也是为什么当年宋太祖赵匡胤在陈桥兵变时被士兵披上黄袍之后不得不起兵造反的原因。而随着

1911年辛亥革命的爆发，帝制被推翻，这延续了几千年的服饰制度自然也跟着土崩瓦解，我们可以尽情地想穿自己想穿的衣服样式和颜色，真正实现了穿衣自由。

古代科举那些事儿

科举制度始于隋，隋文帝杨坚认为之前的举荐制存在弊端，仕途之路不仅被贵族门阀所垄断，还埋没了真正的有才之人，如此便有了用考试的办法选拔优秀人才的科举制度。之后经过唐、宋、元三朝的改革，科举制度在明朝的时候达到完善，清朝基本延续明朝成例，由此明清科举一脉相传500多年，也是我们最熟悉的科举制度。所以我们今天的古今对比就以明清科举为主。

科举的第一级叫作童试，也叫作童生试，有县试、府试、院试三个阶段。读书人要先考过县试，再考过府试，由此获得"童生"的资格，最后参加由各省学政或学道主持的院试，考中者即大家所熟知的"秀才"。童试是明清两代录取生员的入学考试，换句话说，在古代，只有考过童试，你才可以拥有继续上学堂、去继续考试的资格。所以这就非常好理解了，我们有九年义务教育，之后就要经历中考，考试合格者才能进入普通高中学习，所以高中生就相当于古代的秀才。

虽按理论来说高中生相当于古代秀才也没差，但是在古代要考中秀才其实非常不容易。鲁迅小说《孔乙己》中的主人公孔乙己，人都已经老了，因为院试过不去，终身都是童生。《水浒传》中梁山泊首任寨主王伦被人称为"白衣秀才"，这并不是因为王伦总是穿白色衣服，而是王伦跟孔乙己一样都是没过院试的童生。在古代院试考场中，即便坐着头发花白的耄耋老人也实属正常。不过正所谓有钱能使鬼推磨，你考试不行，家里有钱也行，明中叶以后有个制度叫作"纳粟入监"，就是通过捐赠银两获得入国子监读书参加后续考试的资格，被称为"监生"。

因为在古代考中秀才十分不易，但凡能中者皆可享受国家不等的福利，已经算是进入了"士"了，可享受免除差徭、见知县不跪、不能随便被用刑等特权。其中秀才也分三等：成绩最好的称"廪生"，由公家按月发给粮食。其次称"增生"。要注意的是廪生和增生是有一定名额的，并不是第二名和第三名。剩下的叫作"附生"，即才入学的附学生员。这样一看，秀才的含金量是相当高的。

童试的上一级称为乡试，也叫作大比，每三年在各省省会或者京师举行一次。和童试一样，乡试也有三场，分别是在八月初九、十二日、十五日举行，所以也叫作秋闱、秋试。乡试的级别很高，主考官不仅由皇帝钦派，全国录取总额也不过一千两三百人上下，并且根据各省人口分配。

乡试竞争如此激烈，自然合格者也可以获得巨大的回报。一般来说中了乡试就算获得了做官的资格，统称为"举人"。其中第一名叫作解元，第二名亚元，第三、四、五名则称为经魁，第六名为亚魁。所以我们看到，就算把乡试比拟成现在的高考，那也得至少考入清华、北大的人才相当于古代的举人。例如，在《范进中举》中，范进直到54岁才考中秀才，因为念书不事生产，家中穷苦不堪，邻里对其歧视，岳父也对他任意辱骂，就连他自己面对别人的侮辱也是唯唯诺诺。后来由于主试官的抬举，范进乡试中举，周边的人对他一改往日态度，阿谀奉承，范进本人也因为长年压抑得到解放，出现癫狂状态。

虽说中了举人在古代已经算是人中龙凤，不过对于以后想步入仕途的学子来说，乡试其实才是刚刚开始而已。在乡试的次年，就会在京师礼部举行会试，由于考试时间为二月初九到十五，也被称为春闱、礼闱。会试同样有三场考试，每次从众多的举人中录取两三百人，为了表示公平，录取人数也是按南、北、中三地域按比例录取的。

考中进士后的考生均称为"贡士"，第一名叫作会元。这里要注意的是，想要参考会试，除了必须考中乡试成为举人以外，前面我们提过，明朝时期花钱进国子监的监生也是有资格参考会试（他们同样也可以参加乡试）的。不过既然有钱纳粟，那肯定都是非富即贵之辈，绝大多数人并不会继续走考试的路子，他们自然有入仕的途径。

纵观明清科举五百年，出现过一个叫作罗圭的人，他考了七次童试都没过，便仗着家产丰厚，直接纳粟入监。按理说这种富家子弟，童试都过不了，读书肯定是比不过那些寒窗苦读的贫寒学子，但罗圭在后来的乡试和会试中全部都考了第一名。这就好比一个本来中考都靠"捐赠"进入普高的，结果高考考了个全省第一名，后来还成为了清华、北大的博士，也算是前无古人、后无来者了。

成为贡士之后，便算是一只脚踏入了帝国的政治中枢，接下来他们需要解决的就是最后一场决战胜负的考试——殿试。会试考完后一个月，就会迎来殿试。殿试由皇帝亲自出考题，举行地点便在皇宫，如清初殿试本在太和殿广场上举行，乾隆年间又被搬到了保和殿内，所以殿试又有御试、廷试、廷对的称呼。

殿试和之前童试、乡试不同，它并不是资格考试，而是对贡士的排名考试。殿试之后，内阁会根据成绩排出名单，然后呈现给皇帝御批审核，其中前三名称为一甲一等，就是我们俗称的状元、榜眼和探花，又叫作进士及第或者三鼎甲，是科举最高荣誉；二甲的人数就多了，一般占应试贡士的三分之一，称进士出身，二甲第一名叫作传胪；剩下的贡士则全部划为三甲。这里我们再次回到会试那里，由于殿试不黜落参试人员，所以只要通过会试的人，其实就算是进士了。所以在这里，你如果非要问古代的状元等于现在的什么？到底是博士，还是院士？还真不好说。但把殿试对比成高考，肯定是不合适的。

一般来说，殿试之后，状元立即授翰林院修撰，榜眼、探花授翰林院编修；而二、三甲进士如欲授官，还要在保和殿再经朝考次，择优入选翰林院庶吉士，其余则发各部任主事或赴外地任职。有人也许会说，好不容易考个状元，才当个六品的翰林院修撰，没事就记载皇帝言行，讲讲经史，也太寒碜了吧。

实际上，进士及第的优势并不在起始官职的高低，而是对之后仕途晋升有非常大的加成。有人曾做过统计，宋朝状元中60%以上最后都做到了四品以上，其中吕蒙正、王曾、李迪、宋庠、梁克家、吴潜、留梦炎、文天祥八个状元最后都位至宰相，一人之下、万人之上。明代的89名状元中，入内阁的就有17人。《明史·选举制》讲得非常清楚："非进士不入翰林，非翰林不入内阁，南、北礼部尚书、侍郎及吏部右侍郎，非翰林不任。"意思是，你想入内阁，当尚书、侍郎等，必须要在翰林院任过职，而要进翰林院的前提自然就是进殿试成为进士。

不过呢，你也不要以为考中状元自己就算进入了帝国政治中枢，等到了翰林院之后，这些经过千军万马厮杀进来的进士们还需要在里面各自拼杀。有的状元一辈子也是碌碌无为的，如被誉为"闽东状元第一人"的余复，最后混个秘书省著作佐郎（正八品）兼实录院检讨官，连自己都感觉没啥脸面，做了九年后便辞官退隐还乡；有的状元被其他同年的进士给比下去，如明英宗天顺八年（1464）甲申科状元彭教，最后官至侍讲学士，而同年比他考得差很多的李东阳，却最后成了内阁首辅大臣，官至光禄大夫、左柱国。真所谓三十年河东，三十年河西。

科举制度无疑是非常伟大的，但同时也有其弊端，正如一心科考的范进和孔乙己一样，他们的人生都充满了对科举制度的控诉。不过也有在科举之外，重新找到自己人生的，如屡试不中的李白、柳永等。但总的来说，科举制度，还是瑕不掩瑜的。

古代的快递，发达到超乎想象

杜牧有一首耳熟能详的诗叫作《过华清宫绝句》，其中一句"一骑红尘妃子笑，无人知是荔枝来"，此句诗写了唐朝皇室为了满足口腹之欲，从千里之外令人快马加鞭送来新鲜荔枝。从这首诗中我们可以得到一个明确的讯息，那就是唐朝时期我国就已经有了非常发达的物流系统。

要知道离长安城最近的，能生产荔枝的地方都已经是千里之外的川南地区。荔枝易腐，古人又不可能拥有冷链技术，所以这千余里外的荔枝在采摘下来之后需要两三日之内加急运送到宫中贵人的口中，那肯定得需要快递支持，也不能使用虽然运输量很大但速度却很慢的漕运。当代的快递，大家都不陌生，是互联网经济的重要组成部分之一，但是古代的快递知道的人就很少了，毕竟古人又不网购，干吗要快递呢？

虽然古人没有网购的需求，但是古代的君王却有开疆扩土的需要。当公元前 2000 多年前的萨尔贡大帝建立阿卡德帝国，成为美索不达米亚最早的一统君主的时候，如何治理庞大的疆域和继续扩张领土成为了这位卓越的军事家首先要考虑的问题，为此他建立了世界上第一支常备军跟随自己南征北战。

打仗就避免不了消耗，强大的后勤是帝国征战的基础。在那个战马还没有被培育出来，骑兵尚不存在的年代，后勤物资运送及不及时，就成为了开疆扩土最大的掣肘。于是，雄才伟略的萨尔贡大帝为他的军队以每间隔 10 小时路程为标准建立了兵站，兵站中不仅有着各种补给物资，亦可以帮助军队运送物资和传递军事情报，由此世界上第一个军事驿站，或者说物流系统就此诞生。在充足的后勤物资辅助下，萨尔贡大帝最终成为古代近东地区最伟大的君主之一。

两河流域作为人类最古老的文明地之一，萨尔贡大帝创建的物流系统也迅速被欧亚大陆各大文明所借鉴。如公元前 8 世纪，亚述帝国率先在统治疆域内修建了四通八达的御道，并在御道上以每隔一天路程设置一个驿站，驿站不仅可以供信使休息，同时还提供车马和车夫以便他们全速前进，将重要的信件或者消息传到统治者手中。这一整套系统组成了亚述帝国先进且强大的邮驿制度，使得帝国可以掌握对每一寸领土的控制权。

随后，包括波斯帝国、古罗马帝国、拜占庭以及阿拉伯帝国皆在统治时设置邮驿制度，以便皇室用来传递信件或者军事讯息。特别是当古罗马共和国的执政官恺撒把西亚的邮驿制度搬到欧洲之后，他还用"班车"将各行省进行编号，当时的人们称之为邮政制度。这令古罗马共和国对疆域的控制达到了同时期西方世界的最高水准。之后，继承部分古罗马帝国遗产的拜占庭帝国不仅延续了古罗马共和国的邮政制度，还为此设置邮政大臣来主管全国的道路，其地位曾一度仅次于国王，这已然足以证明古人对"快递"的重视。虽然由于需求关系，多数时候古代的快递只有国家才有资格使用，但是它毫无疑问是人类最早的物流了。

古代的快递虽然起源于西方，但是论后续的发展以及繁荣程度，是及不上我国的。与波斯、古罗马等不同的是，我国的邮政制度是在完全未受外来文明的影响下独立发展出来的。早在先秦时期，当时的贵族为了防止在公田上耕耘的平民偷懒或者私藏作物等，在田地的交界处设立了"邮表畷"。地上有分属各个贵族的田，于是便出现了沿井田道分布、大大小小、星罗棋布的"邮"。当时还出现了一个单位叫作"亭"。如果邮是贵族自己设立的，那么"亭"就是由国家所设立的，亭当时的职责是国家的候望据点和族众动员兼民事调解场所，可以看成是现在的城市路边的治安岗亭，如汉高帝刘邦就曾担任过泗水亭的亭长。

那在古代邮和亭有多密集呢？根据《汉旧仪》中"十里一亭，五里一邮，邮人居间，相去二里半"的记载，这密度不知道要比同时期的古罗马共和国强上多少倍了。当时的统治者也发现，既然有如此密集的中继网，为何不用来传递政令或者信件呢？孔子当时就说："德之流行，速于置邮而传命。"即德政的推广流行，比设立邮站用来传递政令都要迅速，由此可见，邮和亭在先秦时期就组成了我国最早的邮政系统。而1975年在湖北云梦睡虎地秦墓出土的两枚竹简上的《行书律》，则更说明了早在秦朝的时候，我国就已经有了传送文书的相关法律，可以看成是世界上第一条邮政法。

虽然邮单位密度很高，但是这就像现在的社区快递点一样，主要服务于短途，使用步行传书方式，速度慢、效率低不说，也无法处理大件物品或者紧急事务。最为重要的是，相对于管理需求，当时帝国真正需要的其实是军务，也就是和萨尔贡大帝所想的一样，为军政公务所服务的专业物流系统。所以汉朝初年，邮升级成为了"置"。东汉人应劭写的《风俗通》说："改邮为置。置者，度其远近置之也。"意思是说，把原来称为邮的邮传设施，改称为置。所谓置，即根据测量出来的远近来设置办公机构，通俗地说就是邮传信使的中途休息站。

邮升级到了置，相当于脚力变成了脚踏三轮车。为了使得这物流系统可以加大运输量，当时的置耗费了汉朝大量的财力物力，运输的车辆也是专门定制的豪华传车。而后，在物流系统中，便捷且快速的单骑代替了传车。这就好比脚踏三轮车摇身一变成了摩托车，不仅使得置的运营成本大幅度下降，同时还加快了物流速度。由此大约是在汉武帝以后，"驿"这个名词开始出现，驿被设置于主干大道上，在《续汉书志》中有"驿骑三十里一置"的说法。东汉人许慎的《说文解字》对此解释道："驿，置骑也。"这说明了驿的出现是伴随骑兵应用到驿站系统中开始走上历史舞台的。

两汉时期的驿还不被叫作"驿站"，而是被称为"驿传"或"驿置"，下设驿骑、传车、传舍、食厨和厩。除了给官府传递文书、为过往官员和军队提供餐饮住宿、为驿骑提供更换马匹外，还负责一定范围内的社会治安以及开垦种植等工作，可谓功能强大。当然最为重要的还是传递紧急军政公文。例如，根据敦煌汉代悬泉置遗址出土的骑置简所示，当时悬泉置下设有四个骑置，每个骑置设吏一人、骑三人、驿马三匹，其中驿马主要用于传递紧急的军政公文。

既然驿传的作用如此重要，那么对于驿传本身的运营保障也成为了重中之重的事情。当时的朝廷规定驿传的马匹，也就是驿马由太仆提供，驿马所需的草料则由大司农负责，同时，符节令负责使用驿骑的符节管理，也就是说当时调动驿骑需要极大的权限。例如，《居延新简》就记载了一位叫作王褒的侯长因为擅自使用驿马，导致驿马被人抢走，被弹劾"诣居延狱"。朝廷对驿骑的速度也有规定。《汉旧仪》载："其驿骑也，昼夜行千里为程。"汉朝的 1 里约为现代的 415 米，所以到了唐朝，长安城的贵人们要吃新鲜的川南荔枝，就成为了现实。

当然，中国历史这么长，王朝更迭，驿站不可能不发展。到了东汉末年，随着割据战乱的开始，为了让驿站更好地服务军事行动，曹操颁布了《邮驿令》。这是我国第一部军事交通法律规章，包含"声光通信标准"等通信制度。为了更好服务帝国，从东晋开始，驿站有了专门的房屋，也正是从这时候开始，驿站中的"站"字才开始名副其实。《后汉书·舆服志》就说："东晋犹有交通，共置承受傍郡文书，有邮有驿，行传以相付，县置屋二区，有承驿吏皆条所受书，每月吉上州郡。"这段话向我们说明了当时的驿站是如何运作的。

驿站的主要服务对象是军事，所以到了南朝宋，中央军事机关开始成为驿站的直属管理机关。军人开始负责驿站的日常维护，驿站的负责人被编入军队，称为"驿将"，下属驿骑叫作"驿卒"或者"驿子"。例如，明末农民起义领袖李自成，原先是银川驿站的一名驿卒，结果因为明思宗朱由检精简军队开支，对驿站进行改革，导致了其失业；李自成随即又去做边兵，最后起兵造反。

因为驿站是军事机构，古代对驿站传递的公文也有保密措施。先秦至秦时期由于文书都写在竹简上，所以传递前会在成捆的竹简结绳处使用封泥，盖上相应的印章；如果是使用绢素的，则要装入书袋。到了两汉时期，古人对于邮件的保密性要求进一步上升，根据其大小分别有"函、箧、囊"等不同的封装工具，封装口上也均使用封泥。建安十一年（206年）曹操专门制定了"掾属进得失令"，规定"纸书函封"，也正是从这一时期起，纸张代替了之前的竹简，成为驿站公文的统一形式。而唐朝则用封泥的数量来表示邮件的重要性，从三封到五封不等；宋朝在前人的基础上，又采用了字验、数递、色递、字递等多种手段来保证邮件的保密性。

　　古代的法律还规定了对泄露邮件内容者要进行相应的处罚，《唐律疏议》规定："诸漏泄大事应密者，绞；非大事应密者，徒一年半。"驿骑对遣驿命令不从的，也会受到处罚，即"诸文书应遣驿而不驿，凡不应遣驿而驿者，杖一百"。对于当时的整个邮驿系统来说，国家采取的是完全军事化的管理，这点到唐朝尤其明显。当时的兵部驾部郎是驿站最高的直属管理机关，而地方级驿站则由当地的兵曹负责。唐朝文献就有诸多体现，如《唐律疏议》中说："邮驿本备军国所需。"《全唐文》也说："诸洲有大事，皆合遣驿"，"军国大议，驰驿而闻"。甚至为了保障邮驿的通畅，唐朝还制定了一些看起来颇为不公的律法。《资治通鉴》中就说，唐穆宗时期公开抢民间的马匹充当驿马，"驿马不足，掠行人马以继之，人不敢由驿路行"。这种规定导致了当时的唐朝百姓都不敢私自养马。

公允地来说，唐朝之所以有如此强大的军事实力，和其发达且完全军事化管理的驿站系统是分不开的，之后历朝历代也一并延续之。安史之乱后，在战乱和洪涝等自然灾害的双重打击下，原本国家用来调运公粮的漕运系统陷入瘫痪，导致长安城米价一度涨到"斗米千钱"，朝廷陷入严重的财物危机和粮食危机。这时，宰相刘晏改革全国驿站，让驿防兵来保障漕运的通畅，必要时期还可以传送各地物价信息，防止有些商贾因讯息垄断而抬高物价。《新唐书》有载："置驿相望，四方货殖低昂及它利害，虽甚远，不数日即知，是能权万货重轻，失天下无甚贵贱而物常平，自言路见钱流地上。"可见灵活使用驿站，对国家管理有着极大的好处。

看到这里也许会有人说，古代的快递都是官家在用，八百里加急给皇宫中的贵妃送荔枝什么的，百姓是用不到快递的。

古代商品流通本身不如当代发达，百姓也没有那么强列的物流需求。明朝的驿站系统已经令大明政府感觉到财务吃紧了，民间资本自然不敢入局。当然，随着社会的发展，百姓对"快递"的需求增多，在相对发达的地区创建民间物流，还是有利可图的。例如，明朝永乐年间，当时的宁波帮便在经济活跃的江南地区建立了我国第一家以赢利为目的的民间快递公司——民信局，其主要业务就是帮助百姓寄递信件、物品和经办汇兑，至清代中后期，民信局在全国已经多达数千家分店。

到了明末清初，时局动乱，响马、强贼等强盗猖獗，商品经济却越来越发达，大宗商品跨地域或者长途交易已经稀松平常，这个时候另外一种以赢利为目的的民间物流机构诞生——镖局。实际上把镖局归为"快递"并不是非常恰当的，他们更类似保镖，即保证货物在运输途中的安全，所以古代押镖的镖师要不自己有一身本领在，要不就是跟沿途的山贼、强盗等颇有交情，以此保证货物的安全送达。

当然，我们也不用抱怨古代百姓用不上"快递"，实际上，和"快递"一样，我们现在所使用的许多科技，最早都是从军用转变为民用的，这本身就是社会发展的一个规律。

古人也有专门干中介这行的

"中介"是一个大家都非常熟悉的词，根据《现代汉语词典》注释，"中介"指在不同事物或同一事物内部对立两极之间起居间联系作用的环节。这么说可能略微拗口，而且我们一般说中介，是指以此为职业的人，所以直白通俗一点来说，中介是在贸易市场中进行居中调解、物品的估值估价，或是给消费者提供咨询、价格评估、经纪等行为，并以收取中介服务费为盈利的人或者服务机构。

也正是因为中介的特殊属性和人们日常生活中对于中介的需求，如今中介早已经渗透到了各行各业，如大家都非常熟悉的房产中介、证券中介、科技中介等。不过或许我们并没有想过，实际上中介是一个拥有两千多年历史的职业，甚至这行还诞生过两个鼎鼎大名的人物，那就是安史之乱的始作俑者安禄山和史思明。所以今天我们就来看一看古代的中介，到底都有什么服务，顺便讲讲他们的有趣故事。

人类需要贸易，自然也就需要中介，所以早在西周时期，我国就出现了最早的官方中介"质人"。《周礼·地官·质人》中说，当时只要是在市场上进行商贸交易的，都要由质人给买卖评估价值，然后双方立书契券约，商品交易这才算完成。

显然，当时的民间还没有自发成为中介的人，而质人的作用实际上更类似现在的物价局，由国家给定价格，然后双方签署买卖合同，本质上还是干着中介的活。当时还流行着"大事以质，小事以剂"的说法，指不同价值的商贸交易采取不同的评估方式，在那个商品贸易并不怎么发达的时代，可以说很够用了。之所以西周要设置中介，《周礼》中也说得非常明白，即"以质剂结信而止讼"。意思是国家给定价格，并给签署买卖合同，最大限度保证公平公正，自然是为了防止交易后的双方互相扯皮。毕竟以当时的经济情况来说，能够拿出来"质剂"的商品，大多价值不菲，不论是牛马、兵器还是珍异，都是和当代家庭买一辆车，甚至买房一样的重大事情，肯定需要一个合规合理且受官方承认和保护的交易标准，最早的中介也由此诞生。

等到春秋的时候，随着生产力的发展，人们需要交易的东西就越来越多了，于是这个时候民间开始自发产生以此牟利的中介或者中介服务机构。我国第一个被载入史册的中介叫作段木干，出自《吕氏春秋》："段木干，晋国之大驵也。"高诱注："驵，儈人也。"这里我们要解释两个词，首先是"儈"字，它在古代是仓储的意思，所以"儈人"从字面理解就是囤积了大量货物的人，通俗地说就是商人。而说到"驵"这个字就非常有意思了，"驵"第一层意思是中介、商人的意思，《汉书·货殖传》就说："节驵儈。"颜师古注："儈者，合会两家交易者也。驵者，其首率也。"从这里看，驵还是比较大的中介老板专有称呼。"驵"的另一层意思是骏马、良驹，如《晏子春秋》中就说："景公游于菑，闻晏子死，公乘侈舆服繁驵驱之。"说的就是景公听到晏子死讯之后从马车转到骏马上，希望可以早点赶回去。从这里我们可以看出来，最早时候的中介主营业务就是"相马"，这也是为什么汉朝的时候"驵儈"原指专业的马匹中介，后来泛指市儈、经纪人的原因了。

之所以如此，其实也很好理解，古代马匹就相当于当代的家庭轿车，它作为古人非常重要的物资，人们赶路、驮货，甚至打仗都必须靠它。然而马和车子一样有数十种，不同的品种、不同的产地甚至不同的饲养方式导致了了马的不同。早在先秦时候的古人就把马分为了六类，分别是专门繁殖用的种马、军用的戎马、仪仗时的齐马、跑驿站的道马、狩猎用的田马和干杂役的驽马。

王公贵族家中通常有"相马师"这一行当的门生，或者说有专门为之服务的人，但是普通人买卖马怎么办呢，自己一窍不通全靠商家胡吹？于是，在这种情况下，专业的马匹中介商诞生了，他们以专业的知识买马、贩马，为人介绍马匹的优缺点，在特定的价钱下寻找最合适的马匹，从而收取佣金。这实际上和现代房产中介或者汽车买卖服务商基本是一致的，毕竟秦汉时期的中介最主要也就干两件事，一是如牛马这样的牲畜中介，二是如田地、房屋这样的不动产中介，其商业思路并不是低价进、高价卖的商人，而是以专业知识赚取佣金的经纪人，这点也是"驵侩"有别于"商贾"的根本。

等到隋唐的时候，中介商人再次出现在市场中，它的名称从"驵侩"变成了"牙人""牙郎""牙子"或者"牙侩"了。为什么中介会从驵侩改叫牙人呢？一个说法是因为秦汉之后的市场中都有管理物价的市楼，叫作"旗亭"，因为亭上插有牙旗，所以人们就称里面的管理者为"牙郎"，由此在唐朝变成了中介的名称，毕竟按胡三省的注释，当时的中介也有定价的能力。

不过在宋人刘攽的《贡父诗话》中却提出了另外一个说法，其载："古称驵侩，今谓牙，非也。刘道源云：本称互郎，主互市，唐人书互为牙，因讹为牙，理或信然。"也就是说，唐朝的中介本来称呼应该是"互郎"，互相贸易，这倒是符合中介的定位。只是因为唐人写"互"的时候往往写错成"牙"，于是久而久之就变成了牙人。

这两个说法不论哪个更为准确，这里我倒觉得牙人其实比互郎更能体现中介的本质，毕竟一个"牙"字，突出了中介主要靠嘴皮子这件事。例如，《中国通史》中就说："牙人招揽买卖，协议物价，官府和商人交涉，有时也使牙人出面。"官府和商人如果只是单纯地做买卖，自然是不需要牙人出面的，既然要牙人出面肯定就是为了利用牙人的专业和嘴皮子来压低采购价格，节约官府的财政支出。

但是，这也导致了一个乱象的产生：牙人在很多时候是一个黑白通吃、左右逢源的职业。古今历史上最出名的中介，莫过于我们前文提及的安史之乱首领安禄山、史思明两个人了，《资治通鉴》中就说他们"皆为互市牙郎，以骁勇闻"，而且安禄山为了做好中介这行当，甚至"懂六蕃语言"。或许正是安禄山职业的特性，一张好嘴巴让他左右逢源，还认杨贵妃为义母，从而平步青云，成为藩镇大将，连手下对他都是服服帖帖的，愿意跟随他造反。安禄山有如此强大的个人魅力，可以说和中介这个职业的出身是分不开的。

有意思的是，和早期牙人多由男性充当不同，从唐朝开始也有女性做牙人的，称为"女侩"，宋朝的时候又叫作"牙嫂""引置"等。之所以会有女性牙人出现，也是因为许多特定的贸易活动并不适宜男性抛头露面，如买卖奴婢、歌姬，或是介绍些缝衣纳鞋的活计。在这方面，当时的女性显然比男性更专业，也更适合充当牙人，同时也说明了唐朝时期贸易种类的丰富和商贸活动的繁荣。

唐朝时期我国对外贸易首次达到一个峰值，源源不断的货物经由丝绸之路在东西方之间互相流通，繁荣的国际贸易自然催生了比任何前朝都更为繁荣的牙人行当。与此同时，为了杜绝商贾隐瞒利润，谎报税务，造成国家财政损失，唐朝政府开始利用熟悉市场行情的牙人替自己监督商人贸易。《旧唐书》就对此记载道："市主人牙子各给印纸，人有买卖，随自署记，翌日合算之。有自贸易不用市牙子者，验其私簿，投状自其有私簿投状。其有隐钱百，没入；二千，杖六十；告者赏钱十千，出于其家。"这里的印纸又被称为牙帖，算是交易的官方凭证。

有寻租空间，自然就会产生腐败，掌握商人交易的牙人随后自己干起了贪污的事情，史载："主人市牙得专其柄，率多隐盗，公家所入，百不得半，怨读言之声，嚣然满于天下。"但是没有办法，在那个缺少市场监管手段的年代中，朝廷想要商人贸易不偷税漏税，只能借助牙人之手。就算两权相害取其轻，中介贪污的钱款与商人偷税漏税相比，还是不可同日而语的。

当中介有了官府的支持，这个行业自然就越做越大，至少在五代时期，我国已经发展出了专门的中介公司，即"牙行"。后周太祖广顺二年（952年）开封府奏称："诸色牙人、店主人引致买卖，并须钱物交相逢付。如有赊欠，只仰牙行人、店主明立期限，勒定文字，递相委保。"在这里，牙行人不仅要承担中介的角色，甚至还有一定的担保责任。既然都做担保了，肯定不会是简单个人中介，而是由牙人所开设，具备商业营业执照且有一定资产、专门经营业务的商行。

这种情况随着宋朝的商品经济发展进一步发展，牙人在市场上的作用也越来越大，甚至政府对牙人的入职资格、职业能力、权利义务和职业规范都有着明确的要求。例如，当时进行房产买卖，还需要在买卖双方的契约上署上中介的名字，一旦发现契约描述和实际交易不符，牙人就要受到法律的制裁。而为了体现牙人的专业性，对符合规定的牙人还会发放从业执照，即"牙人身牌"。同时还有专门针对牙人贸易的《牙保法》，南宋官员袁采就评价说："官中条令，惟交易一事最为详备。"

所以，中介这行当是伴随着贸易的繁荣而繁荣的，随着市场经济的发展，人们的日常生活中也越来越离不开中介，甚至连政府都无法忽视中介的存在，于是中介行业的专业化和规范化就成了趋势。到了明清时期，根据中介的不同分类，诞生了官牙和私牙两种不同属性的中介。所谓官牙，就是专门给朝廷记录市场交易信息、防止商贾偷税漏税的。明清两朝政府规定，但凡城市乡村的牙行和船埠头，都要挑选一定的中介人员，由官府发给他们牙帖，用来记录商客船户的籍贯名字，以及他们的物产数目，每个月定期到官府对账。看来官牙和唐朝时期用来监控市场交易的牙人一样，都算是政府的一种监督手段，只是到了明朝才有正式的名号以及相关的法律法规。

当时牙行所收取的佣金并不算低，明世宗时期"每银一两，抽牙银三分"，也就是说，双方贸易总额的百分之三要交给牙行。对牙行来说，这就是做一个无本买卖，几乎没有什么风险。

牙行如此发达，又赚钱，自然也要履行社会责任——纳税。当时的官牙除了代官府向客商征税以外，本身也需要向官府纳税。第一种税叫作"牙帖费"，牙帖由地方总督衙门颁发给官牙，类似于现在的营业执照，领了牙帖的牙人就算正式成为了官牙，可以去码头记账收钱了。但是这牙帖可不是免费领的，由市场大小和当年经济行情来决定牙帖价格的上下浮动，低的时候不过三钱，高的时候达到三两。例如，湖北的牙帖税中就写明："繁盛上行每年征银二两；偏僻上行、繁盛中行各一两；偏僻中行、繁盛下行各五钱；偏僻下行三钱。"如果一旦遇到国家发动战争，牙帖费还会上升，可以说牙帖费是明清两朝非常重要的商业税收手段之一。除了牙帖费以外，当时的中介还需要根据自己的营业额向政府缴纳营业税，以高低分为三档。例如，乾隆年间江西的牙税规定："上则纳银三两，中则纳银二两，下则纳银一两。"一般情况下，牙税各有不同，所以上面的数据也只是作为一个参考。

有正规的，当然也有地下的，没有领营业执照，就没有牙帖，干的也是"杂卖鸡鹅豆麦等"的中介，当时叫作"小行"，即私牙。私牙干的都是小事，自然也不需要向朝廷纳税。所以有些人就在这上面动起了歪脑筋。例如，许多地方豪强就会和州县政府合谋，让州县私放牙帖给牙行，这样牙行既可以去埠头做大买卖，又不需要向政府纳税。虽然朝廷多有禁止，并明立法案，然而由于巨大利润的存在，私放牙帖在山高皇帝远的地方依旧非常普遍，这也导致了牙行的名声越来越差。雍正四年（1726年），户部将各州颁发牙帖的权力收归布政使，同时，民间的牙行人也自发组织成立"公所"，制定相关的标准，以维护牙行的声誉，规范商业秩序。

毫无疑问，中介是推动社会文明发展非常重要的一分子，中介的存在使得商品经济可以随着生产力的提高而繁荣。在那些政府市场监管手段单一的时代中，中介更是发挥了无可替代的作用，正如我们现在的生活已经完全无法离开中介一样。所以中介这个古老的职业，未来一定会更精彩。

古代聚众喝酒有可能被杀头

作为世界三大古酒之一黄酒的发源国，酒一直以来都是中华文化的重要组成部分。很多时候我们可以没有肉，但绝对不能没有酒，毕竟对于中国人来说，酒的地位并不是简简单单地体现在餐桌上，而是它所带来的那份醇美和沉醉，这是任何其他食物都不可替代的。

古人爱酒，更有人嗜酒如命，如把喝酒看得比吃饭还重要的陶潜、因酒而误婚姻大事的阮籍、被誉为酒仙的李白、自称醉司马的白居易等，但是想在古代呼朋唤友，推杯换盏三百杯，很多时候并不像我们想得那么简单。所以今天，我们就来谈谈古人喝酒的那些事儿。

中国最早的酒是出现在什么时候呢？

在距今 6100 至 4600 年的山东大汶口文化遗址，考古人员从中发现了许多用于装酒的酒器。当时山东并没有谷物种植证据的考古遗迹出土，这些酒只是由水果发酵而来的果酒。不过当时的古人既然已经发现水果发酵之后会产生酒，那距离利用谷物发酵酿造黄酒，是不是只有一步之遥了呢？

这一步似乎跨越得有点长，花费了整整三千年之久，因为中国历史上最早的酿酒记载出现在《尚书·说命下》商王武丁和大臣傅说的对话中，内有"尔惟训于朕志，若作酒醴，尔惟曲蘖"之句，其中"醴"即古代"酒"的一种，味道有点偏甜，原料为生芽的新米，酒精浓度在4%左右，所以又叫作"蘖法酿醴"。当然，4度的酒对绝大多数人来说都称不上是酒，最多也就是含酒精的饮料罢了，所以古人又会在成熟的谷物中加入谷物发酵产生的酒曲，那么这时候酿出来的就是酒精浓度在15%~20%之间的浓酒，这便是大名鼎鼎的黄酒，其酿造方法被称为"曲法酿酒"。

不过关于酒的诞生，史书中也并不止这一个说法。《战国策》里说："昔者，帝女令仪狄作酒而美，进之禹"，认为最早造酒的人是禹的大臣仪狄。《世本》里又说："仪狄做酒醪，杜康做秫酒"，所谓酒醪，古代又叫作汁滓酒，也就是各种谷物混杂起来的酒；而秫酒乃高粱酒，也就是白酒，可白酒要到元朝之后才由阿拉伯传入中国，说他是杜康发明的自然也不可信。况且《世本》早已遗失，乃后世学者所订，真真假假已然是分不清了。正如我国酒业之父周恒刚老先生在《猿酒》一文中所提出的观点一样，"酿酒是千百年来广大人民共同创造的，而绝不是哪位'祖师爷'发明的"。由于年代久远，如今更是早已不可考究，实际上我们并不需要为黄酒到底是谁发明的而争论不休，因为它就是我国古代劳动人民勤劳和智慧的结晶。

酒，既可以令人如痴如醉、如临仙境，当然也可以让人疯癫发狂，乃至祸国殃民。根据《通鉴前编》记载："（夏）桀作瑶台，罢民力，殚民财。为酒池糟堤，纵靡靡之乐，一鼓而牛饮者三千人。"夏桀是夏朝的末代君主，让国家亡在了酒上面，为此商初名臣伊尹便向帝王太甲上书说："敢有恒舞于宫，酣歌于室，时谓巫风……其刑墨，具训于蒙士。"也就是说，喝酒喝得酩酊大醉的大夫，得上墨刑，因为酒色自古误国。不过商朝的君主并没有吸取夏桀的教训，纣王在宫内设酒池肉林，最终败光了商朝的国祚。

西周初立，周朝开国元勋，周武王姬发的弟弟周公旦有鉴于夏商二朝皆亡于酒，而人们在酒后又容易乱礼，于是便让弟弟康叔作《酒诰》篇，成为我国最早的官方禁酒令，开我国酒政治先河。其中规定，除了国家大典以及祭祀等可以用酒以外，民间私自酿酒甚至聚众饮酒，都可以直接处以死刑。《酒诰》的颁布算是彻底禁断了百姓喝酒的可能，不过等到周朝第三任君主周康王上位之后，禁酒令就逐渐松懈下来了，百姓又拥有了喝酒自由。

实际上，周初之所以要实行禁酒，倒未必真的是因为"夏商亡于酒"或是"酒后乱礼"，更大的原因和本质还是为了节省粮食。因为酿酒要消耗巨量的粮食，可酒又不像粮食一样可以填肚子，这对于刚刚结束战争，从废墟之上建立起来的周朝来说，想要节约粮食，就必须禁止酿酒。等到周康王上位之后，此时政权稳固，生产也恢复了，禁酒令的存在便没有必要了。

商鞅显然要比周公旦更聪明一点，既然百姓离不开酒，那国家为何不从酒中收取重税，他们越喝，国库就越充盈。说干就干，《商君书·垦令》载："贵酒肉之价，重其租，令十倍其朴。"也就是说，当时的酒税达到了酿酒成本的十倍。对酒课以重税不仅成为商鞅变法中至关重要的内容之一，也为之后秦国一统六国打下了坚实的经济基础，更是之后历朝历代朝廷用酒税创收的榜样。而到了秦始皇一统天下之后，当时国家规定三人以上不得聚饮，算是对饮酒的一种限制性控制。

总体而言，汉朝以前百姓想要喝口酒那都是挺自由的，实在不行自己偷偷在家里酿也成，只要不被发现就行。作为我国第一部民间诗歌总集的《诗经》，其中与酒有关的就达到50篇，如描绘宾宴的《宾之初筵》，写民俗的《七月》，表现力极强的《既醉》；《楚辞》中也有大量饮酒的场景，屈原在《招魂》中就写道："瑶浆蜜勺，实羽觞些。挫糟冻饮，酎清凉些。华酌既陈，有琼浆些。"这些诗歌都说明当时社会中饮酒风气的流行，以及士大夫和文人对饮酒的热衷。这也使得饮酒在当时已经脱离了简单的口腹之欲，向一个更高的精神层次发展，如屈原喊出的"举世皆浊我独清，众人皆醉我独醒"，就对后世的酒文化发展产生了巨大影响。

然而到了汉朝之后，这情况就完全变了。天汉三年（前98年），汉武帝为了解决北伐匈奴的巨大军费开支，接受了大臣桑弘羊的建议，推出了"盐铁专营"制度，也就是说，把盐和铁这两种百姓日常生活和生产中必不可少，但是少了又不会死人的东西攥在官府手里，这样利润就全部归为国库了。紧随其后，"榷酒酤"法也颁布天下，酒和盐、铁一样，成为只有官府才能制作、出售的商品。

"榷酒酤"法给西汉国库创造了巨额财富，而汉武帝则利用这些财富打败匈奴，成就千古一帝。从这里看，当年刺向匈奴的每一刀，可都有西汉酒鬼的一份功劳。但是这并不代表当时就没有反对的声音，汉昭帝始元六年（前81年），许多大臣就批判"榷酒酤"与民争利，有违教化，最终迫使汉昭帝废除"榷酒酤"，转而按民间制酒的量来课税，时每升税4钱，谓之"税酒"。所以从这里来看，在实行"榷酒酤"法的时候，由于国家垄断，当时的酒应该是卖得挺贵的，有钱的不在乎，平民想尝两口，也许还得背着老婆。而实行"税酒"之后，让市场自己竞争，酒价自然应声而跌，百姓喝酒也方便许多了。但也因此，相对于国家来说，国库的收入肯定是大大降低了。所以后世王朝基本是"榷酒酤"法和"税酒"法一起实行，王朝鼎盛，不差钱的时候实行"税酒"，一旦王朝衰弱，要打仗了就用"榷酒酤"法，酒政成为我国历代王朝调节国库收入最重要的财政政策之一。

与此同时，社会上的饮酒风气进一步被扩大，有了屈原的珠玉在前，文人士大夫纷纷以酒明志。例如，曹操在《短歌行》中唱道："何以解忧，唯有杜康。青青子衿，悠悠我心……周公吐哺，天下归心。"用酒来表达自己求贤若渴的心态；陶潜借"欲言无余和，挥杯劝孤影"表露他的清高之心，萧统作序的《陶渊明集序云》直截了当地说："有疑陶渊明诗篇篇有酒，吾观其意不在酒，亦寄酒为迹者也。"看来个个都是醉翁之意不在酒。等到盛唐之后，这种风气更是达到了历朝巅峰。例如，被称为酒仙的李白，在现存1050首诗中，涉及酒的就多达170多首。杜甫直言不讳地说："李白斗酒诗百篇，长安市上酒家眠。"有了名人效应，百姓饮酒的热情自然也被带动起来了，与酒相关的游戏应运而生。例如，起源于汉朝初年的行酒令，当时形式单一，最多互相划拳；等到唐朝之后，掷骰、射覆、酒筹、酒牌、小酒令、杂法等酒令已经成为流行和时尚，不仅花样繁多，从皇家贵胄到平民百姓更是无酒令不饮酒，可见唐朝饮酒风气的流行。

社会饮酒风气流行，自然也让统治阶层看到了商机。前文我们已经说过，"税酒"制度算是最为合理的酒政，在唐中期之前，大唐王朝富庶强大，所以实行的也是"税酒"制度。但是经历安史之乱后，唐王朝国库空虚，就把主意打到了喝酒人的身上。唐代宗广德二年（764年）朝廷下令给全唐境内的酒户登记造册，按月收取巨额税银，"除此以外，不问官私，一切禁断"。与此同时，百姓私自做酒曲甚至会被处以死刑。

等到宋朝的时候，除了前朝原有的"榷酒酤""税酒""月税""征曲税"（按曲征税）以外，宋高宗建炎三年（1129年）新增了一项"隔槽法"。酿酒不仅要酒曲，也需要糟房，当时宋廷就规定只有官家能开设糟房，百姓酿酒之时得付出一笔租赁费才能借用糟房酿酒。所以别看《水浒传》里梁山泊库房里藏着一桶又一桶的酒，没事就大口喝酒，以当时的宋朝法律来说，这都是足以杀头的罪。当然，他们本身就干着杀头的事儿，也就不在乎多加两条罪名了。

唐宋之所以肆无忌惮地对酒课以重税，最重要的原因有两个：一是酒不是刚需产品，没酒喝不会死人；二则是酿酒成本极低，即使加上重税以后，普通百姓虽然喝不起名贵的酒，但是一般的酒还是能买得起的，而且酒价会随着国家需要反复变动，且变动极大。按唐朝的《食货志》记载，德宗建中三年（782年），因为要用酒税来补贴军费，当时的酒价为每斛3000钱（十斗一斛，即每斗 300 钱）；然而到了贞元二年（786 年），因为不需要补贴军费了，酒价降到了每斗 150 钱。而根据白居易的自述，贞元十九年（803 年）他考上了秘书省校书郎，"时月薪万六千"，也就是月薪 1.6 万钱，用这钱拿来喝酒，自然是不足为道了。不过这里要注意的是，普通百姓和公务员之间收入差异极大，广德元年（763 年）卫尉寺因政府财政不足，大量裁员，最后留下的幕士（仓管人员）月薪仅有 3500 文。对普通百姓而言，一旦遇上国家军费吃紧，酒价上涨，那喝酒就成为了一件奢侈的事情。

不过早在汉朝就出现过"榷酒酤"专卖被认为是与民夺利、备受指责的事，所以等到明朝的时候，当时大学士邱浚在《大学衍义补》中对明朝的酒政点评就是："我朝不立酒曲务，而惟摊其课于税务之中。"也就是说，明朝实行的是税酒制度，而不是政府垄断专卖，从邱浚颇为自豪的自述中我们也可以看出来，"税酒"会被视为仁政的一种，而专卖自然是要受到谴责的。虽说专卖制度在调节国家财政收入方面要远远高于"税酒"制度，但是不让民间参与则极大影响了酒的发展和创新，所以明朝是我国酿酒工艺突飞猛进的朝代，酒的品种和饮用也达到了历史巅峰。例如，在曹雪芹的《红楼梦》中，贾府内写诗要喝酒，节日要喝酒，祝寿要喝酒，贺喜要喝酒，接风饯行要喝酒，连赏月、赏花、赏雪、赏灯、赏戏皆要喝酒，可见当时饮酒风气之盛行，是前无古人的。

曹雪芹明明是康乾时期的人，写的《红楼梦》喝酒自然是清朝之事，怎么用到明朝了？问这话的人显然是对清朝酒政不够了解。清朝自康熙朝开始就实行了部分禁酒，等到乾隆二年（1737年）的时候，开始全面禁酒。也就是说，一个人如果生活在康乾时期，是喝不到酒的。

乾隆时期的中国大小战事频繁，其中规模较大的就有大小金川之役、平定准噶尔之役、清缅战争、廓尔喀之役和清越战争，再加上刚好赶上人口大爆炸，以及酿酒流行，导致了米价居高不下，严重影响了国家的安稳。例如，乾隆初年礼部侍郎方苞上奏道："西北五省烧酒之坊，本大者分锅叠烧，每岁耗谷二三千石，本小者亦二三石。烧坊多者，每县至百余。其中三斗五斗之谷，则比户能烧。即专计城镇之坊，大小相折，以县四十为率，每岁耗谷已千数百万石。"每年这么多粮食浪费在造酒上，所以稳定粮价的重要性已经远远超过了借用酒政来调节国库收入，于是一不做二不休，直接实行禁酒。

不过到了嘉靖年间，禁酒令基本已经形同虚设，人们再也忍受不住，纷纷喝起酒来。正所谓法不责众，清政府也只能睁一只眼闭一只眼，到了咸丰三年（1853年）便索性解开禁酒令，改为课税。自此，百姓又可以开开心心地喝酒了。

总体而言，古代和平时期酒价一般都不会太贵，即便是实行专卖制度的时候，和米价也相差不大，百姓想喝两口的时候也还能喝。但是，古代的米价是随着战争或者灾难而急剧波动的，所以能不能喝口酒，那也还是得看天，也看命。

古人打仗真的会阵前单挑吗

　　喜欢《三国演义》和《水浒传》的人可能会发现一个问题，那就是当两军对垒的时候，往往都会先派遣将领出列叫阵，有时候甚至是双方主将直接骑马在阵前进行单挑，什么温酒斩华雄、三英战吕布、祝家庄之战等皆是如此。主将在前面乒乒乓乓一通打，士兵在后面擂鼓叫好，就跟看戏一样。

　　但是只要有点常识的人就会知道，把一场战争的输赢、一个国家的兴亡寄托在两个逞匹夫之勇的人单挑上，是一件多么愚蠢的事情。那么在真实的古代战争中，到底有没有阵前单挑这件事呢？

　　在我国古代战场史上的确发生过阵前单挑这种事。在目前可考的文献中，早在商周时期我国就存在阵前单挑的行为，叫作"致师"。《逸周书·克殷》记载："周车三百五十乘，陈于牧野，帝辛从。武王使尚父和伯夫致师。"所谓"致师"就是"挑战"的意思，不过这里的"挑战"并不是我们看到如三国演义中的那种"主将单挑"。而是双方在正式交战前，会各自挑选一名或者几名勇武的士兵，进行阵前挑战，并且在双方认可的前提下，形式可以多变。同时这里的挑战其目的单纯是鼓舞士气，而不是说挑战失败了，剩下的将士就一哄而散。不论"致师"的结果如何，该打的仗还是得打。

在春秋时代，晋国和楚国就发生过一场存在"致师"行为的战争。在开战之前，楚国派出了由三名甲士组成的战车"致师"晋国军队，冲入后者阵营搞袭击，最后三人功成身退。"致师"的成功大大鼓舞了楚国军队的士气，最后一口气打败了晋国。随后楚国取代晋国，成为新的春秋霸主，这就是大名鼎鼎的邲之战。

那么早期的古人打仗为何要多此一举地使用阵前单挑呢？实际上理由也并不复杂，早期的时候小国林立，很多国家之间进行打仗也不过数千人而已。由于条件的限制，双方也没有什么战术策略，导致作战方式极其单一，于是"致师"就成为了公认的作战策略之一，即用极小的代价来影响战争的天平。所以东汉人郑玄就解释说："致师者，致其必战之志。古者将战，先使勇力之士犯敌焉。"说明这是纯粹为了鼓舞士气。而后随着战争规模的扩大以及兵种的发展，战术也越来越多样化，等到战国时期，"致师"基本就在古战场消失了。

由此可知，阵前单挑在我国历史上发生得极少，基本不符合我们在影视剧中见到的情景。不过在东南亚地区，这种阵前主将单挑一直存在，并且发展成了一种风俗。

例如，在1548年的泰缅战争中，缅甸东吁王朝的国王莽瑞体率领12万大军攻打泰国阿瑜陀耶王朝。当时泰国的国王摩诃查克腊帕克见自己的军队无法抵挡东吁王朝的大军，于是便向莽瑞体提出了单挑的邀请。按照当时的规定，阵前主将单挑不仅不能拒绝，而且需要对方地位相同的人应战，这是一种贵族礼仪。然而正所谓规定都是赢家定的，面对对方国王的单挑邀请，莽瑞体却只派了手下一个将领应战，这很明显是对泰国国王的侮辱性行为了。最终摩诃查克腊帕克也硬着头皮上了，可惜自己武力不济，频频陷入危险之境，最后还是自己老婆素丽瑶泰和女儿冲入战局救了他，结果导致素丽瑶泰被对方将领一枪给杀了。但是此举还是为泰国军队的撤退赢得了时间，最终守住了国都阿瑜陀耶城，为泰国独立建国争取了时间。我们可以频繁地在东南亚战争史中看到类似的单挑。例如，被誉为暹罗五大帝之一的纳黎萱在当太子的时候就曾和缅甸东吁王朝的太子帕玛哈乌拔拉在阵前单挑，并杀死了对方。

不过这里我们要注意了，即便是主将单挑，他们的输赢或许对双方士气有着很大的影响，但是无法决定战争的输赢。在单挑结束之后，仗该怎么打，还是得怎么打。

除了东南亚，日本打仗也有阵前单挑的习惯。由于武士文化的流行，在日本战国时期阵前单挑一度是武士证明自己的最重要形式。例如，关原之战的时候，吉弘统幸就和昔日好友——此时已经是敌人的井上之房展开阵前单挑战。不过由于吉弘统幸念及旧情，在单挑中放水，导致自己身死。

古代欧洲，特别是古希腊城邦时期以及波斯征希腊时期，都有着阵前单挑的习俗。鼎鼎大名的大流士三世就是因为随薛西斯三世征卡度斯人的时候，在阵前单挑中获得了胜利，由此担任亚美尼亚总督的。同时在古希腊神话中，也有着大量众神时代的英雄在攻城略地时进行阵前单挑，与此相同的就是印度教神话中也有类似的神话描写。不过显而易见这些都是为了凸显个人英雄主义，和《三国演义》《水浒传》一样，在现实中只在特定时期内以及特殊情况下才偶尔存在，并不具备普遍性。

总之，阵前单挑文化的形成，都有其历史和时代的局限性，也是地方文化中的一种。毕竟绝大多数时候，打仗都不可能如此儿戏。

古代皇帝继承为什么基本都是父终子继

    在我国传统启蒙教材《三字经》中有一句话是："夏传子，家天下。"意思是说，从夏朝开始，就有了父死子继的规定。念了这个书的人，自然就和我们现在一样，觉得父死子继是一件非常自然的事情。然而，《三字经》作为一个宋代产物，这句话既无证明也无来源，不仅完全不可信，从历史中来看还有很明显的错误。例如，商朝国君外壬去世之后，是他的弟弟河亶甲继位，沃甲死后由他的侄子祖丁继位，祖丁死后又是他的堂弟南庚继位，而后到了周朝，周武王去世之后，也是弟弟周公旦继承王位。

    也就是说，商朝和周初就是一个"兄终弟及"和"父死子继"混合在一起的王朝，那古人到底是依据什么来制定王位继承规则的呢？

    当我们在思考这件事的时候，不妨反过来想一下，如果不是父亲死了，长子继承，那古代的国家又会怎么样？还是以前面的商朝为例，根据《史记》记载，商朝第十任国君中丁去世之后，按当时的规矩是中丁弟弟继位，可中丁当时有子发、外壬、子整和河亶甲四个弟弟，到底该选哪一个呢？大家都是弟弟，哥哥也没指定哪个弟弟做王，自然是各凭实力，谁也不服谁。经过一番内斗之后，当时实力最强的外壬成为了第十一代商王。

那事情到这儿就结束了吗？不，应该说是刚开始，外壬首开谁实力强谁做老大的先河，这就让后面的弟弟明白了能不能当王就看谁拳头硬的道理，于是从这里开始，商朝王室内部为了争夺王位发生了持续数百年的战乱，因共经历五代、九王，故史称"九世之乱"。

九世之乱极大削弱了商朝王室的统治力量，由此诸侯国并起，最终导致了商朝的灭亡。当然，这时候古人并没有发现这种"兄终弟及"和"父死子继"混合王位继承制度问题到底出在哪里，然而问题一天不解决，问题就会一直出现。

周灭殷商，周武王去世之后把王位交给了当时声望最高、势力最大的弟弟周公旦。按理说以周公旦当时的名望和实力，坐这个皇位是妥妥的。但是周武王的另外几个弟弟不服气，其中管叔和蔡叔甚至不惜勾结纣王的儿子武庚，发动了争夺周王之战。虽然最后周公旦还是有惊无险地铲除了反叛势力，但是作为中国礼仪和文化的开创性祖师，聪慧如炬，被誉为"圣人"

的周公旦意识到了当两种王位继承制混合使用的时候，周朝难免会重蹈覆辙，出现下一个"九世之乱"，于是在七年之后把王政交给了周武王的儿子，即周成王。自此，"父死子继"之制就成了我国封建时期唯一的王位继承制度。

解决了"父死子继"的问题，我们再来谈另外一个问题，那就是为啥要实行长子继承制呢？《公羊传》中说："立適（嫡）以长不以贤，立子以贵不以长。"很多人就疑惑了，皇帝不应该更有才能的人做才能让王朝更长远吗，为何非要以嫡子为先，长子为次，贤不贤反倒是最次呢？实际上这和"父死子继"的问题一样，都是因为古人得到了现实的教训。西周末年，周幽王在位，他有两个儿子，分别是正妻申后的儿子姬宜臼以及妾褒姒的儿子姬伯服。按照正常的逻辑，姬宜臼应该是继承者，然而周幽王更宠幸褒姒，姬伯服也更讨人喜欢，一番深思熟虑之后，周幽王决定把皇位传给既非嫡子也非长子的姬伯服。

这就让申后不服气了，众所周知，一般来说正妻不仅是家庭地位比妾高，更主要的是其娘家势力也不是妾家可以比的。于是申后就到他父亲申国国君申侯那里哭诉，申侯一听这还了得，为了给亲孙子讨个公道，申侯不惜联合周朝的世仇犬戎和缯国，里应外合攻打西周。猝不及防之下，周幽王的大军兵败如山倒，周幽王和儿子姬伯服双双被杀，姬宜臼也如愿以偿地坐上了王位，即周平王。但是这王位也不是没有代价的，当时为了抢王位引进犬戎大军，结果犬戎大军一到中原后就不走了，无奈之下周平王于公元前770年迁都洛邑，即西周灭，东周开始。

故事到了这儿，古人总算是意识到"父死子继"也不是完美的，再加上春秋时代又发生了几次兄弟、儿子抢皇位导致国家衰弱的事情，于是当时的思想家和统治者们心一横，那我直接搞"嫡长子继承制"不就完了。这样即便是先王去世时没有留下遗嘱，也按长幼尊卑秩序继承，自然就避免了因抢皇位造成的王朝动乱。自此"嫡长子继承制"成为我国封建时期宗法制的核心，诸如《左传》中的"天子建国，诸侯立家，卿置侧室，大夫有二宗，士有隶子弟"等，就成为了"嫡长子继承制"的解读哲学。

不过在我国历代封建王朝中，还有个不信邪的王朝，就是清朝。清朝由于是女真入关，所以入主中原后并没有延续汉族的"嫡长子继承制"，依旧使用他们"以贤能为主"的选举继承制。按理来说，这难道不是一个非常理想的方案吗？谁适合当皇帝就选谁，而不是看身份。然而现实却教会了爱新觉罗氏如何做人。首先是清太宗皇太极去世之后，由于未立储君，导致了其长子肃亲王和当时权势最大的十四弟硕睿亲王多尔衮之间爆发皇位之争，险些导致皇室内乱，最终两人妥协，扶上了傀儡皇帝爱新觉罗·福临，即顺治帝；到了康熙朝，康熙有二十四个儿子，其中九个皇子参与了皇位争夺战，史称"九子夺嫡"。九子夺嫡对清中后期政治影响极大，最终由四阿哥胤禛胜出，即后来的雍正帝。

经历了顺治朝的皇位争夺战和九子夺嫡，雍正帝也算是被现实打醒了脑袋，最终建立秘密建储制度，即由皇帝写诏书并放置于乾清宫"正大光明"匾额后，自己同时私备一份，待皇帝驾崩后，由御前大臣取出两份遗诏，当场对照无误后，再宣布继承人。这种继承制可以说是封建时期最完美的，但是也存在漏洞，万一皇后和御前大臣合谋造假遗诏，那就不知道会发生啥了。

当然，这是我们从后面往前推，是古人经历了种种历史现实后最终妥协的继承制度，如果从前往后，当人类从野蛮时期进入文明时期，部落酋长也由选举制变成终身制。当酋长拥有绝对的实力和权力之后，整个部落的财富就成了酋长私有财产，他自然希望自己家人继承自己的财产，于是延伸为世袭制。人类文明即便是进入封建社会之后，"国家"依然是一家私有财产，这就是《诗经·小雅》中所说的"普天之下，莫非王土，率土之滨，莫非王臣"的具体含义。

也正因为古代国家俨然是帝王的私有财产，这就又导致了王位的传男不传女的属性，其中理由也非常简单——会造成下一任皇位继承权的混乱，让王朝陷入王位争夺的旋涡。我国历史上唯一的女皇帝武则天，早在登基之前，为了在传统宗法制度中另辟蹊径，于是向世人宣告自己是弥勒佛转世，是带领大唐人民走向未来的光，应做天下之主。可即便如此，李唐诸王依旧不服气，琅琊王李冲和越王李贞相继造反。到了武则天晚年，武则天的侄子武承嗣、武三思开始谋求皇位而乱政，武则天本人在立储上也再次遭受各方势力的压力，随即爆发神龙政变，最终无奈之下逊位唐中宗李显，还政李唐。

武则天的政治能力很显然比李显强太多，更是强于绝大多数男性帝王，可正如"立嫡不立贤"的出发点，即便你能力再强再贤明，"稳定"依旧是古代封建王朝统治阶层考虑的第一位，这也是为什么即便是后世如北宋的刘太后，其权势和政治能力以及野心都不弱于武则天，自己还偷偷藏有女款龙袍，最终还是无法称帝的原因。

这种情况自然不是中国所独有的。比如，日本皇室制定有关于天皇制度的《皇室典范》，其中第一条就规定只有男性皇嗣有皇统、皇位继承权；第二条的皇位继承顺序中，排第一的是皇太子，第二的皇长孙，第三位才到皇长子。日本的皇位继承制之所以和我国差不多，倒不是说他们搬我们的，也是他们自己遭受过数次现实的打击，才最终总结出来的。其中稍有区别的就是，当特殊情况出现的时候，譬如皇子年幼，我国是太后临朝制，即皇太后可以临朝听政，而日本则是皇太后必要情况下可以直接称帝作为过渡性女皇。例如，曾任两任天皇的日本女天皇皇极天皇，即宝皇女，她本是第34代舒明天皇的皇后，但是舒明天皇去世之后并没有立遗嘱，这导致了日本皇室陷入了长时间的争位危机。642年，势均力敌的各皇子互相妥协让宝皇女登基为皇，即皇极天皇。然而三年后，中大兄皇子等人再次发动政变，刺杀权臣苏我入鹿，皇极天皇被迫让位给同母弟轻皇子，即孝德天皇。654年，孝德天皇去世，宝皇女于次年再次登上皇位，被称为齐明天皇。

虽然宝皇女两次登基为帝，但实际上前一次真正的实权由权臣苏我入鹿掌握，后一次由皇太子中大兄皇子掌握。也就是说，虽然迄今为止日本出现过8位女天皇，但皆是或因皇子年幼，或因特殊的政治环境，作为过渡性日本女皇出现的，只有极少数据有真正实权。所以经历了各种现实挨打后的日本皇室，最终于1889年制定《皇室典范》，彻底剥夺了皇室女性的王位继承权。

所以到这里，我们应该都能明白为什么在古代的君主集中制下，大多数国家都选择"嫡长子继承制"，甚至剥夺女性皇位继承的合法性。一方面是出于维护皇室对全国财产的私有性，另一方面则是为了王朝的稳定。

古代的死刑是什么样的

死刑，是人类社会自国家和私有制诞生以来，对于严重违背相关禁忌的人处以的极刑。由于死刑所剥夺的是不可再生且最为宝贵的生命，所以一直以来都是人们心中最为恐惧的极刑。

那么在古代有哪些死刑执行方式呢？

《刑书释名》记载，周朝的死刑一共有 7 种，分别是一斩，二杀（在市集上杀），三搏（脱光衣服，分裂尸体），四焚（火烧死），五辜磔（分裂尸体），六踣（在市集活活打死），七罄（吊死，也有说法是活活打死）。到了秦朝之后，由于受法家思想的影响，死刑变得越来越残忍，如车裂、腰斩等。据统计，秦朝时期我国死刑的执行方式多达 20 种。

到了汉代以后，虽说汉承秦制，但随着儒家学说成为立国之本，仁政成为主流，死刑执行方式也大大减少，主要以"枭首、腰斩和弃市"三种为主。北魏之后，魏武帝在制定《甲子科》的时候认为汉律还是太重、太残酷，于是"使从半减也"。除了谋逆大罪，只剩下斩刑和绞刑两种。

隋代之后，由于隋文帝杨坚崇尚佛法，认为在刑罚上应该"化死为生，以轻带重"，死刑方式进一步简化，最终只剩绞刑和斩刑。之后唐律沿袭了隋代不论何罪只使用两种死刑方式的处罚。不过这里我们要注意的是，斩刑一般来说要比绞刑更为严重，因为古人讲究身体发肤受之父母，死的时候能留全尸，是对死者最大的尊重。

之后经历五代十国的各自为政，到了宋朝死刑不论是条目还是罪名都超过了唐代，并且奠定了之后元、明、清三代的"明刑弼教"的刑罚特点。之后的统治者认为治理国家应该用刑法晓喻人民，使人们都知法、畏法而守法，以达到单纯的教育所不能收到的效果。在这种思想之下，在经历隋唐的宽政之后，死刑在我国古代反而越来越严了。例如，《大明律》中有死罪262条，加上《问刑条例》中的20个，明朝的死罪达到了282条，而唐律中也仅仅232条。同时，明朝还扩大了绞刑和斩刑的适用范围，分为立决（立即执行）和秋后决（秋后执行）两种形式，清朝称前者为绞立决和斩立决，后者为绞监候以及斩监候。

那古人如果犯了死刑的话，他们还有生机吗？

答案是肯定的。在我国古代法律中，有个非常重要的减刑法案，叫作"八议制度"，指的是八类权贵人物犯罪以后，"大罪必议，小罪必赦"，享受特殊优待，司法机关不得擅做处理。《唐律疏议》载："周礼云：八辟丽邦法，今之八议，周之八辟也。"意思是说自周朝开始就有"八议"减刑规则存在，但实际上"八议"真正被载入法律是在曹魏的《新律》中。

既然如此，到底什么样的人才有资格享受"八议"呢？"八议"说的八类权贵有：一议亲（即皇亲国戚）；二议故（长期侍奉过皇帝的故人，旧臣）；三议贤（贤人，士大夫等）；四议能（有能力的，大才的）；五议功（有大功劳的）；六议贵（职事官三品以上、散官二品以上及爵一品者）；七议勤（很勤劳的，有口皆碑的）；八议宾（承先代之后为国宾的异族）。

这样看来，"八议"的本质还是为了保护贵族官僚，当然也是儒家思想下"（死）刑不上大夫"的体现之一。不过在实际历史中，"八议制度"使用最为广泛的，还是排在第一位的"亲"。例如，东晋成帝时庐陵（今江西省吉水县）太守羊聃，其为人凶狠粗暴，滥用酷刑，任职期间因怀疑郡人简良做贼，就因此杀了200余人，连儿童都不放过。当时辅政的庾亮听闻之后，立马逮捕了羊聃，押送京师，并奏请将羊聃处以死刑，随后晋成帝下诏赐羊聃狱中自杀。

然而，晋景帝的景献皇后是羊聃祖姑母，他侄子羊贲娶了南郡悼公主，为当朝驸马都尉，琅琊太妃山氏还是羊聃的外甥女，也就是说羊聃是妥妥的皇亲国戚。于是，东晋开国元勋王导进殿叩头请命，用"八议"让羊聃免除了死刑，仅判了削职为民。

那是不是就代表着只要是皇亲国戚，符合"八议"，在古代就相当于一块移动的"免死金牌"，啥都不怕了呢？可我们在历史中明明还看到了许多皇亲国戚被杀的案例啊！例如，明朝初年以胡惟庸和蓝玉为首的"胡蓝之狱"中，朱元璋可是把整个大明王朝开国功臣几乎杀得片甲不留，这其中更是不乏皇亲国戚，为啥这些人就没有适用"八议"呢？

其实理由也非常简单，既然有减刑的"八议"，自然也会有连"八议"也不能赦免的罪，这就是我们常常听到的"十恶不赦"。《名例律》就规定："诸八议者犯死罪，皆条所坐及应议之状，先奏请议，议定奏裁，流最以下减一等，其犯十恶者不用此律。"意思是说如果一个人犯了"十恶之罪"，即便他符合"八议"减刑规则，也不能适用。

那么如此恐怖的十恶罪名，又是哪十恶呢？

十恶是从秦汉逐渐形成的，比如秦律之中就有不孝和不敬的罪名，北齐之后才始定重罪十条。到了隋朝的《开明律》中，正式确定十恶为：一谋反、二谋大逆、三谋叛、四恶逆、五不道、六大不敬、七不孝、八不睦、九不义、十内乱。

很多人不知道的是，十恶实际上原本是一个佛教名词，指的是杀生、偷盗、邪淫、妄语、两舌、恶口、绮语、贪欲、瞋恚和邪见。虽然隋朝之前我国古代就已经有十罪，但一直不曾写入法典。等到隋朝佛教大兴定为国教之后，才第一次把十恶确定为专用法律名词。而从十恶的次序上，我们可以非常明显地看到十恶罪名所蕴含的就是儒家礼教所倡导的社会秩序。例如，从一到三分别是"君臣之纲"中对君权的谋逆，接下去是"父子之纲"和"夫妻之纲"，最后以"五常"结尾。

所以胡惟庸和蓝玉由于触犯了十恶中的谋反和谋叛，即便他们拥有开国功臣和皇亲国戚的身份，也无法被赦免，最终成了朱元璋巩固大明政权的牺牲品。

死刑终究是人类极刑之一，本着"上天有好生之德"的理念，在古代如果一个人犯了死罪，即便是要被判处死刑，统治者也会极其谨慎地处理，这其中就包括"死刑复核"和"死刑复奏"两种制度。所谓死刑复核，就是指对于死刑案件，在普通审判结束之后，交由中央机关或者皇帝对其进行重新审判。到了明清时期，死刑复核制度还进一步完备出会审制度，即我们常常听到的"三司会审"。这在当代也适用，例如，我国《刑法》第四十八条第二款就规定："死刑除由最高人民法院判决的以外，都应当报请最高人民法院核准。"也就是说，哪怕再确认无误的死刑罪犯，在经过地方法院的审判之后，都必须交由最高人民法院审核。而复奏中又有"三复奏"和"五复奏"之分，即把死刑犯交给皇帝复核，其中五复奏根据史籍记载仅存在于唐太宗贞观年间。唐朝法律还规定，如果死刑犯没有经过皇帝复奏就被判决死刑，审判官流放二千里；即便是皇帝复奏之后，也要等三天后才能行刑，不然审判官坐牢一年。

这些特殊的审核程序一定程度上有利于防止滥用死刑，也算是对生命的尊重，是人类文明前进的标志。而如今也越来越多的国家提倡废除死刑，而我国在历史上也曾短暂废除过死刑。根据历史记载，天宝六年（747年）诏曰："联承大道之训，务好生之德，于今约法，已去极刑……自今以后，所断绞、斩刑者宜削此条，仍令法官约近例详定处分。"原来在天宝六年，唐玄宗李隆基曾下令彻底废除死刑。当然，由于之后发生了安史之乱，唐朝的死刑废除不过执行了短短十余年，却也成为了我国历史上唯一没有死刑的时期。

八旗士兵在战场上真的穿五颜六色的衣服吗

　　清朝是我国最后一个封建王朝，其统治阶层为来自白山黑水的满族，以至于其冠服样式和传统的汉族服饰完全不同，成为中华民族服饰中的一员，也因此导致很多人对清朝冠服的误解，特别是日常中本不太能看见的八旗军服。

　　八旗制度是清朝打天下和守天下的根本，因此清朝比任何王朝都更加重视军队的建设，自然由八旗制度所衍生的八旗军服就极具八旗的特色。众所周知，八旗本身只有黄、红、蓝、白四种颜色，1615年清太祖努尔哈赤在四色旗的基础上，镶嵌边幅，组成八色旗，即八旗。分别是正黄旗、正白旗、正蓝旗、正红旗、镶黄旗（黄地红边）、镶白旗（白地红边）、镶蓝旗（蓝地红边）和镶红旗（红地白边）。既然旗帜如此，八旗军服也因旗而制，于是在黄、白、蓝、红色的军服边角上再镶边，就变

清代八旗军服（沈阳故宫博物院藏）

成了拥有八种颜色的八旗军服。

　　也就是说，八旗士兵在战场上打仗时确实一改其他朝代以沉闷的灰黑为主的军服，穿着和自己所属的旗相对应颜色的军服，整个战场顿时就五彩斑斓，极具震撼力。而且八旗军所有的衣服全部都是头上戴着牛皮质髹漆胄，身上穿着由上衣、下裳及裤所组成的军服，全身一律镶着极具特色的铜制泡钉。不过这里要注意的是，八旗军服可不是一开始就五彩斑斓的，康熙五年（1666年），朝廷才开始规定八旗前锋校、护军校"甲以白缎为表"，前锋及护军"蓝布为表"，普通八旗士兵"甲绣布为表，各路本旗之色"，也就是说，直到康熙五年（1666年）之后清朝才强制八旗军服的颜色以本旗为色，在这之前实际上还是和前朝一样都是单调的灰黑为主。

既然如此，为何康熙年间要求八旗军服按本旗颜色呢？而且衣服上到处都是铜制泡钉，也和我们概念中的由一块一块铁甲拼接的古代甲胄完全不同，又是怎么回事？所以要真正了解这个问题，还得从八旗军服的起源说起。

公元1615年，清太祖努尔哈赤规定："打仗时穿厚甲持长枪大刀的士兵冲锋陷阵，手持弓箭，披轻网甲的士兵紧随其后。"其中厚甲就是我们常见的由铁甲片拼接而成的传统铠甲，缺点是笨重，优点当然是耐砍，适合给后面的队友扛刀子；所谓轻网甲，就是唐朝开始流行的锁子甲，它的结构是五环一组，各环勾连，说白了就是用铁网做成的衣甲，虽然不如铠甲那么耐砍，但至少轻便，利于弓箭手活动。

如果你熟悉我国的战争史，一定会知道明清之际战场最大的特色就是大量火器的使用，甚至火器已经到了决定一场战争输赢的地步，再加上女真被誉为"马背上打天下"的民族，笨重的铠甲不仅不利于骑马射箭，在火器面前更是完全被压制，因为对方完全可以射击你的头、手、腿等没有铁甲保护的躯干，这时候铠甲反而成为了累赘。基于此，清太祖努尔哈赤规定以元朝以来的棉甲为八旗棉甲，自此其成为了八旗军行军打仗时最主要的戎装，也就是军服。

那八旗棉甲又是怎么样的呢？早在元代的时候，就有外边是布料，在要害处装有铁片的布面甲。明朝是我国火器发展的巅峰，为了应对火器，明军中开始大量装备内衬铁片、外面用铜钉固定的棉甲，可以看成是世界上最早的防弹衣，而清军最早的棉甲正是从明军手中缴获而来的。等到清军拿到棉甲之后，发现这玩意儿不仅可以挡火器，挡要害，而且在寒冷的东北居然还可以御寒。更为重要的是，棉甲相对于铠甲制作容易，价格低廉，极其便于大批量装备。

明制棉甲到了清军手中，他们对其做了进一步改良。当时明制棉甲是一体的长褂布甲，不利于骑马，清太宗皇太极就把明制棉甲改为上衣下裳分制式，同时在《钦定大清会典事例》中，对这种新的八旗棉甲军服做了清晰的规定，其中上衣长二尺二寸，即 73.33 厘米，内有铁叶 136 块，每片铁叶长二寸五，宽二寸，即 8.3 厘米乘以 6.7 厘米的规格；下裳分左右两片，每片长一尺一寸，内嵌铁叶 116 块，同时还有护肩、护腋、护袖、前裆、左裆等，皆镶有铁叶，基本也算是全副武装，刀枪不入了。这样一套棉甲下来少说也是 12 公斤以上，造价更是不菲，基本是有官职的武将才能穿戴，普通士兵当然是直接用布了，且无定制，最多也就是在胸口要害处用几块铁叶保护。

要区分八旗军服的官兵等级，需要从棉甲制作的复杂程度和颜色来分辨。职官以上的胄顶材质多为兽尾，职官以下的多为灰麂或者铜谍；职官以上的宝盖皆有纹饰，镶嵌宝石以示尊贵，而职官以下则无纹饰，当然也不可能镶嵌任何东西。而甲身上，职官以上的衣身有刺绣，职官以下自然也无。

棉甲的制作方法是先把棉花打湿，反复拍打至很薄的棉片，把多张棉片缀成厚实的棉花，在两层棉花中夹上铁片，内外用铜钉固定。八旗作战时各旗有着明确的分工，如镶黄旗在中冲锋，其余各旗从旁辅助，上色之后的棉甲利于在混乱的沙场上辨认敌我双方和将帅的指挥。于是种种因素之下，最终出现了五彩斑斓、外面打着铜制泡钉的八旗军服。

八旗军服是我国古代军服中最具特色的、集大成的军服。八旗棉甲军服的出现，象征着冷兵器时代的结束，铁甲铠甲退出历史舞台。